ちくま文庫

暮しの老いじたく

南 和子

筑摩書房

まえがき

五十歳を越えた頃には、年をとるということはゆるやかな坂を少しずつ下っていくようなものか、と漠然と考えていた。

けれども、現実はそんなものではなく、変化は突然に、急な坂道を駆け足で下るようにやってくる、と思い知らされるようなことが、生活の中で、突発的に、しかも間隔をおかずに起こってきた。

まず五十代の終わり、海外旅行中に滑ってころび、肩の骨を折った。ゆっくり歩いていて、すべって軽く「ふわっと」手をついただけ、と思ったのにである。若いときなら、そのぐらいでは折れなかった。

しばらくして、夫の定年をまぢかにしての心配事などが続いた頃、突然、ヘルペス（帯状疱疹）になった。そして一年あまりの後、骨粗鬆症からくる強烈な腰痛。

さらに二年後に、顔面が半分麻痺した。これは、医者の指示で少々強い薬を飲んで三週間ほどで八分通り治ったが、その頃会った人には本気で心配されるような変わり方だった。

その時の腰痛は、その後も尾を引き、現在も完治というにはほど遠い。三か月は寝たきり状態に近かったし、発病前と比べると、急に身長が八センチも縮んだ。今でも歩くときはお腹を突っ張るようにしなければ歩けないし、何かにつかまらずに立っていられるのは、頑張っても五分間まで。三年くらいは、車に乗ったとき、大きな振動が骨に響くので、常に両手で体を浮かせるように支えていなければならなかった。

短期間のうちにこうした予想もしない大小の病気が起こったわけだが、それだけに、精神的に落ち込まないように、前向きに暮す方法を考えなくてはならないと思った。友人たちも同情はしてくれるが、私自身が積極的に頼まないと、私の体を心配してくれるあまり、外での集まりなどにも声をかけてくれなくなる。

食事の用意や後片づけその他の家事をしてくれる夫や、周りの人との関係も、私がつとめて明るく話しかけ、時には口に出して頼んだり、感謝の気持ちを表わしたりしなければ、お互いにいらいらしてくる。

けれども、発想を大きく転換すると、この腰痛のおかげで、以前とは違う、高齢者としての新しい生き方が開けてきた。

「これをやりたい」と思ったら、自分の体調、周りの人への迷惑の度合いを考えながらも、自分なりに工夫し、なんとか頑張ってみる。人に相談したり、介護用品の店を見てまわって、器具などを有効に使うというのも、一つの方法だと分かってきた。

外出ができるようになってからは、そうした道具のショールームなどに行って、積極的に試させてもらうし、自分の問題として、真剣に細かいところまで見たり質問もするようになった。

これといった障害もないままに年を重ねていたら、少しずつ体力・気力が落ちてきても、若い頃の感覚から抜けきれず、思うようにはできないことに何かにつけていらつき、自分の立てたスケジュールを思いきって変更したり、謝ってキャンセルしたりするすべも身につかなかったろう。

初めのうちは、無理をして痛みがぶり返したり、体力の衰えを無視したために病気になるなど、失敗もした。だが今では、それなりに自分のペースがつかめてきたように思う。

寝たきりに近い状態から少しずつ回復して、夫や多くの友人に支えられて、なんとか半人前ぐらいまで元気になったが、これは私の老いの「生活革新」の記録と、その中から手探りでつかんだ暮し方のアドバイスである。

文庫化するにあたっては、現在でも基本的に変わっていない部分はそのまま生かし、状況が変わったり、新製品が出たりしているところは、できるかぎり現状を調べて、最新の情報を入れるよう心がけた。

「老い」は突然にやってくる。その時になってあわてないように、どうか少しでもこの本を役立ててほしい。

■目次

まえがき　3

1　生きることの基本をかためる　15

年をとってからの住居　16
トイレ・スペースについて　24
「排泄」ということ　28
入浴中の突然死を防ぐために　38
浴室のリフォーム　45
昼のベッドと夜のベッドを分ける　52

家の中の段差とリフォーム　58
手すり／段差解消スロープ／階段について／マットの滑り防止シート

2　生活を助けてくれる道具　65

恐くなかった介護用リフト　66
車椅子を見る　72
ふだんの椅子を考える　77
照明はなるべく消さない　82
手持ちの道具を見直そう　87
アイロン／ハンドクリーナー／ズボンプレッサー／食器洗い機／便利な手編みタワシ／重曹の効用

3　いざという時、あわてないために　97

元気な間に、家の中を整理しよう　98
思い出の整理について　102
写真／住所録／思い出の本／宝石やアクセサリー
いざというときの箱を用意しよう　109
入院用／葬儀用／緊急持ち出し用リュック
死ぬ前に書き残すこと　118
ちょっと整理に一工夫　125
裁縫箱／救急箱／文房具類／停電時の灯り
毎月の行事予定カレンダーのすすめ　133
4　**生きることは食べること**　141
食事の用意が自分でできなくなってきたときに　142
調理を安全に続けるために　149
「あっ、袖に火がついた！」事故をどう防ぐか　160

上手に塩分を減らすには？ 165
秤を身近に置いて健康ダイエット 172

5 いつも身ぎれいに暮したい 179
「老臭」を消すために 180
年をとったら化粧は必需品 187
目・耳・歯・爪・手足のケア 192
曲がった背中もまっすぐになる 198

6 やっぱり外に出たいから 203
杖を用意するときに 204
温水プールに通う・水着を買う 211
ウォーキングのための靴を選ぶ 217
骨粗鬆症といわれたら 224

外出のときに持つバッグと小物類 232
財布を失くしてもあわてないために 236

7 年をとっても明るく暮そう 241

気軽にお昼に人を招こう 242
カーテンを替えて華やかに 248
パソコンは高齢者の友だち 251
携帯電話のすすめ／パソコンのすすめ
定年後の暮しは、ゆとりとやさしさが大切 258

文庫版へのあとがき 265

推薦したい図書リスト 271

暮しの老いじたく

イラスト　浅野真里
装　幀　金田理恵

1 生きることの基本をかためる

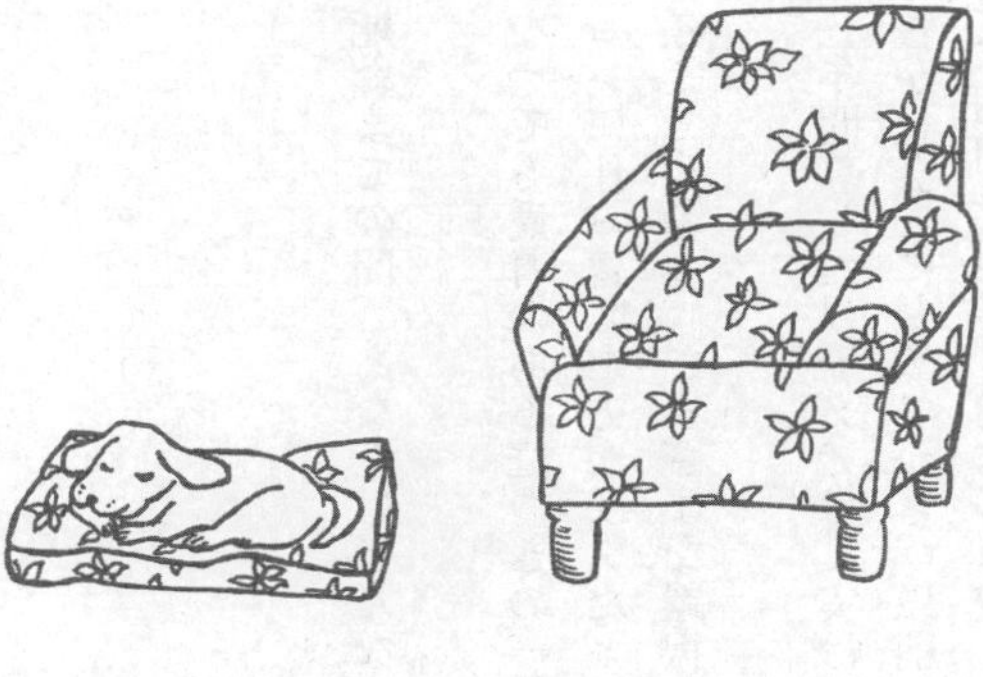

年をとってからの住居

「終《つい》の住処《すみか》」という言葉がある。年をとってから死ぬまでの間、あなたはどんな家に住んで、どんな暮しがしたいだろうか。

子供と一緒に住みたいという人、たとえ一人になっても愛着のある庭つきの一軒家に住み続けたいと思う人、年をとったらマンションに住み替えた方がラクだと思う人、最後にはやはりケアつきの老人ホームでと考えている人、さまざまな選択があるだろう。

夫の仕事の関係で、家族四人で一九七〇年から三年間暮したカナダでは（実は私たち夫婦はそこがとても気にいってしまい、娘たちが社会人になってから、以前に住んでいたバンクーバーにアパートを買って、年に何回か訪れていたことがあった）私たちと同年輩の似たような家族構成の友人たちを横から見ていると、子供の成長期には庭つきの一戸建てに住んでいた人も、中年を過ぎてくるとマンションに住み替え、いよいよ弱ってきたな、と思ったら、ケアつきのホームに移る、という人が多いように見受けられた。

日本では年をとればとるほど庭つき……と思いがちだが、庭の管理や家の前の道路の清掃は、年をとってくると思いのほかたいへんである。外出の際、あちこちを戸締まりして出かけるにも、たしかに鍵を閉めたかどうか忘れがちになる。その点、マンションなら鍵一つで出かけられるし、また、熱効率がいいのも高齢者の身体にはいい。一軒家は外気とつながっているので、寒暖の差が激しく、これが意外と年寄りの身体にはこたえるのである。

でも、カナダの友人で、七十代の後半と思われる女性でも、夫を亡くした後、山の上の広大な一軒家で一人で物静かに暮している人もいる。広い庭の世話もしているし、夫が生きていたときと同じぐらいのパーティも、回数は減っているが時折開いている。

日本でも、わが家から駅に行く途中に、やはり一人で暮す七十代後半の女性がいる。いつもおしゃれに気をつけ、いろいろな友人と楽しそうに外出している。

このような人たちは、「少しでもラクなように」ではなく、「みえ」を上手に使って頑張っていると、私は感心して見ている。

私の場合、六十四歳で腰を痛めて、起き上がるのもつらい期間が三か月もあって、それから急に、これからの夫と二人の住居のことを考えはじめた。

後で話すが、家を処分して老人用ケア付きマンションや老人ホームに入ることも真剣に考え、一時はほんとうに老人ホームに入ることを決めかけたほどである。

老人用ケア付きマンションについては、私たち家族には、強烈な思い出がある。三十年近く前にさかのぼるが、私の両親が七十歳近くなったとき、急に、熱海から少し入った海の見えるケア付きのマンションに入ると言い出して、そちらに移ってしまった。

最初の十年間は両親ともまあまあ健康で、自分たちだけで電車に乗って東京に出てくることもあり、ケアに関しても、そこの食事についても、満足していたようだった。

しかし、徐々に年をとってきて、身内が訪ねてくるのだけが楽しみのようになってくると、私の家から電車を乗りついで三時間、車で行くと渋滞などで片道四、五時間かかるのでは、私の家族だけでなく、妹の家族にとっても負担になってきた。

それに、親戚や友人たちも、それぞれに年をとってきたこともあって、そのマンションでは訪ねてくれるのも難しいようだった。それだけに私たちは、寂しがっているであろう両親のことを思うとつらかった。

それで、私たち夫婦が次の住居を考えるときは、ともかく子供や孫が来やすい距離の範囲で、と考えていた。

ところがそのうちに、私たちの家の近くに非常によい有料老人ホームがあることがわかった。

なんと、わが家から歩いて二十分くらいのところで、調べてみると、介護の設備も細やかに用意され、経営についても信用できる老人ホームである。

私たちはそこへ入ることを真剣に検討し始めた。年をとってもなるべく子供たちの世話にはなりたくないと考えていたから、そこを終《つい》の住処《すみか》と決めれば安心のように思えた。食事も作ってもらえるし、完全な共同生活というのは抵抗があるが、部屋は夫婦単位で四〇平方メートルくらいの広さがある。それに、今住んでいる家を売って、近くに小さなマンションを買い、時折そちらですごしたり、友人や子供たちを迎えたりすれば、逃げ場所もできるし、それほど息がつまるような思いはしなくてもすむのではなかろうか……。

だが、しばらく考えた末、入居はしないことにした。入居者の平均年齢が高過ぎ、私たち夫婦にとっては活気がなさすぎるというのが大きな理由だった。

たとえ近くにマンションを買ったとしても、部屋のスペースが小さ過ぎて、一日じゅう夫婦で顔をつき合わせるような暮しは、今の段階では我慢する気にならないとも夫が言い出した。

結局、いくら将来は安心だとはいっても、今、二人ともが前向きにそこへ移りたいと思わないのに無理はよくない、と考えたわけである。

しかし、これをきっかけに二人とも、次に移る住居について真剣に考え始めた。小ぢんまりした、エレベーター付きの段差の少ないマンションに入るか、もう少し現状を維持して、次にケア付きの有料老人ホームに入ることにするか、夫と毎日のように話し合い、友人にも相談してみた。

私の場合は、六十四歳の時に腰を痛めて以来、頑張って少し重いものを持つと後で具合が悪くなるので、日常の買いものも一人ではできない。しかし、今の段階では夫さえ手伝ってくれれば、二人だけでなんとか暮していきたい気持ちがある。

その時点で夫とともに出した結論は次の通りである。

①お互いにいやがらないで、一日に二回でも三回でもよく話し合い、同じ考え方になるまで待つ。

私たちの場合は、現在、住む家がある。それだけでもありがたいことである。夫と私それぞれが自分のしたいことをして暮せることは、何にも替えがたい幸せだし、時折来てくれる娘や孫が泊まっていってくれる場所もあるのだから、恵まれている。

明日、もしかしたらこうなるかもしれない……と、先で起こるかもしれない不安なことばかりを考えず、二人で納得しながら次のステップを選ぶことにしたい。

②できるだけ自分からチャンスを見つけて、ケア付き老人ホームや、公的な養護施設を見学し、話も聞くようにする。二人のどちらかが心を動かされたときは、よく話し合い、子供たちにも一緒に見に行ってもらう。パンフレットを取り寄せたり、体験入居したり、友人が入っているのなら、訪ねてみる。

③ともかく、家を移る時にそなえて家の中を整理する。(九八頁～参照)

＊

それから六年あまり経った。

その間に、夫は完全に定年を迎え、どこにも勤めには出ないで私たち二人だけで、これまでの家に住み続けている。

私の腰の状態は、よくはならないが、なんとか家から歩いて十五分くらいの距離にある私鉄の駅近辺まで、熱を出すような病気でない限り、リハビリのために毎日歩いている。時には、電車に三十分くらい乗って、ターミナル駅まで、友人などに会いにいくこともある。

そしてこの間、介護保険がはじまり、私自身も、三年半前に要介護の認定を受けた。この保険があれば、子供たちの助けがなくても、夫と私の二人だけの暮しでも、二十四時間の介護つきの老人ホームに急いで入らなくても大丈夫らしいと、少しずつわかってきた。

車も運転し、海外旅行にも一人でいける比較的元気な七十五歳の夫は、一軒家の空間的なゆとりのある家から、今から先のことを考えて二人で六畳か八畳くらいの老人ホームの部屋に移る気にはどうしてもならないと言う。

私は、正直に言えば、突然、夫が長期入院ということになった場合を考えると不安である。けれども、「今」だけを考えれば、夫が希望しない、なんらかのケア付きの狭いところに入らなくても、なんとか一日一日を暮している。夫は、日常の家事をはじめ、私のリハビリの車を使っての送り迎え、病院やどうしても行かねばならないところへの付き添いなど、献身的によくやってくれている。もちろん食事の後片付け、洗濯など、かつては私がしていた家事のほとんどをしてくれている。

今では、介護保険のスタートと前後して、介護付きの有料老人ホームの数も、大きく増えてきている。以前に見つけたホームは、入居時の年齢制限があって、現在の私たちは失格である。これからもし、距離的にも、内容的にもよいところが見つかれば、ある期間は、わが家とそのホームを行き来しながら様子を見て、最後に家を処分することも考えられる。

以前のように大家族で住んでいたときと違って、体が弱ってくると、高齢者はだれでも不安になる。夫婦だけや、一人だけで住むのが少しずつ難しくなり始めたとき、だれでも迷うと思う。一度決心をして、相当額のお金を払って移ったその種のホームにどうしても満足できず、また以前に住んでいた地域に戻ってきたという話も何人かから聞いている。

私たち夫婦は、今も迷っている。子供たちの家族と住むことは全然考えていないが、迷いながら情報を集め、自分たちの体の状態と考え合わせながら、いつかは介護つきのなんらかの施設に移ることになるだろう。

こういうことには何が正しいということはない。だが、ただなんとなく今のまま住み続けるというのではなく、自分なりにいろいろ考え、情報を収集しておくことが、状況が大きく変わったときの決断の力になるのではないだろうか。

トイレ・スペースについて

わが家から三十分ほど歩いたところにある地下鉄駅の近くの喫茶店に入ったときのこと。

そこにはこれまで行ったことがなかったのだが、通りに面した入り口が上半分ガラスを使ってあって、外から中がよく見え、なんとなく入りやすい感じの店であった。

そこのトイレを使ってみると、ドアが引き戸で中との段差がない。その上、車椅子でゆったり入れる広さがあり、洋式便座の両側に手すりまでついている。トイレは男女に分かれていなくて、それ一つだけであるが、たしかに誰が使っても何の支障もないし、男女別になっているより、このスペースの広さは心地いい。その気になってよく見ると、手洗いも低目についており、水道の栓も、車椅子から充分に手が届くように右手前にあり、蛇口の頭も大きく回しやすい。

障害者のためだけでなく、赤ん坊や、小さな子供を持つ人にとっても、これだけのスペースがあれば使いやすく、いろいろなことに対応できる。

東京は特に地価が高いから、トイレのスペースを少しでも小さくして、そのぶんだけでも店を広くしたいと考えるのが普通かもしれない。けれども、通常サイズのトイレを二倍にしても、全体として考えると、一人分の席も狭くなっているとは考えられない。まして、男女のトイレをそれぞれつくるよりは、駅の近くに、子連れ、障害者、高齢者が入りやすい、ゆったりしたトイレがあるとなると、おそらく、健常者の人でも、それを理由にしてその喫茶店を選ぶ人も多いのではないか、と思った。

普通の住居でも、少しでもリビングを広く、と考えるのは分かるが、トイレ回りのスペースが広いと、ゆったりした気持ちで使うことができる。

家を建てたり、リフォームするときに、はじめからそのことを考えてスペースだけ取っておけば、必要になったときに、手すりなどなら、いつでも取りつけてもらえる。

実は、私の家の二階にはトイレがなかった。どうしても不便なので、この家に住み始めて十五年以上も経ってから、二階の納戸を改造して、そこをトイレにし、ユニット型の洗面台もつけた。トイレとして、広さは通常の三倍以上ある。でき上ってみると、もっと早くからそこにトイレをつけておけばよかった、とつくづく思った。

実際にその二階のトイレを使い始めると、一階の、狭くて便座だけがギリギリに付いている方には行く気がしなくなった。たとえ一階にいるときでも、用を足すためにわざわざ二階に上がってしまう。一階の方は、玄関の横ということもあって、絵を飾ったり、タオルに神経を使ったりしても、「狭い」というだけで、どうにも入り心地がよくない。

その二階のトイレを造って一年ほど経ってから、私はひどい腰痛になった。そうなってみると、広いトイレが寝室のすぐ隣にあることは、何よりもありがたかった。それでも、その短い距離さえ移動がつらくて、木製の背のついた椅子を、寝室から便座の横までいくつか並べて、かろうじて用を足したこともあった。

高齢に向かって、体がどういう状態に変わってくるのかは、誰にもわからない。あらゆる変化に対応すべく予め用意をしておくことは不可能であるが、トイレだけは、ギリギリの状況まで自分で済ませたいのは当たり前の望みだし、そのためにできることは今のうちに準備しておきたいと思う。

五十歳ぐらいから家の建て替え、リフォームをするときに、たとえ、その時点で健康であっても、トイレだけはスペースを広めにとっておくことを勧めたい。

「排泄」ということ

私が六十四歳の春、腰痛で寝たきりに近い状態になったとき、病人にとっては食べたり風呂に入ることも大切だが、まず、何よりも自分一人でトイレに行けるかどうかが最も気にかかることだということを痛感した。

私の場合は、ベッドで寝ている状態から、まず体を横に向け、起き上がるまでに、三十分以上かかった。用を済ませて、もう一度体を横にするのがまた痛いので、時間がかかった。

さいわい、失禁はなくてすんだが、そうなってくると、トイレに行きたくなるのは恐怖に近かった。だから、痛みに耐えながら寝ているときに、差し込み便器を使おうか、とか、おむつのことも真剣に考えた。

それから十年近くたって、幸いに今のところ、トイレに一人で歩いて行くのに問題はない。しかし、いつまた、ちょっとしたはずみにころんだりして寝たきり状態になり、排泄の時、誰かの世話にならざるを得ないことが起こるかわからない。

だからこの本を書くにあたって、飯田橋にあった「東京都福祉機器総合センター」（現在はなくなって、それぞれの地域に小規模のセンターができている）に行ったとき、まず最初に、排泄に関するいろいろな道具――ポータブルトイレやトイレ付きベッド、そしてさまざまな便器もみせてもらった。しかし、だからといって、今すぐ困っているわけではないのに、適当に見つくろってトイレ用品を買うわけにもいかない。どんなものが必要になるのかまだわからないのである。

すると、そこにいて説明をしてくれた相談員の人が、

「ともかく急に起きられなくなったら、腰の部分にビニールシートを敷き、吸収量の多いおむつを広げれば、応急に必要な処置はとれます。最近の紙おむつは、縁もついているし吸収量も多いから」

と教えてくれた。

ビニールシートでなくとも、最近は、ケア用品の専門店やデパートなどでも、防水なのに汗などでむれない、通気性のある布地で作られたシートやシーツなど、いろいろ市販されるようになってきた。

このような防水布地は、肌に触れる面が木綿であったり、ウール風であったり、タオル地であったりする。通気性があるということは、もちろん洗濯機で洗って天日干しすることができるし、乾燥機も使えるということである。特に、表面がタオル地のものは、普通のタオルと同じように吸湿性もあるし、肌ざわりもよく、時間が少し長くなっても、不快感が少ない。

これまでは、就寝時に、下からのもれを気にして、腰のあたりにビニールシートを敷いていた人もあると思うが、この新しい防水地でできた、ふとん全体をくるむ形のシーツも売っている。そういうものが必要だと考えている方は、一度、介護用品を売っているところに行って実際に手で触ってみることを勧めたい。

次に気にかかっていたのがおむつカバーのことである。

その頃、デンマークの友人が、三年ぶりに東京に戻ってきた。キエステンという五十代の人だ。彼女は資格を持った看護師さんで、当時、コペンハーゲンの近くで、アルツハイマーをはじめ主にボケの症状をもつ高齢者の病院で、フルタイムで働いていた。

その彼女に、前述の介護機器センターに一緒に行ってもらい、そこに見本として下がっている三十種類ぐらいのおむつカバーを見てもらった。

「こんな分厚いものはもうデンマークでは使っていないわ。これも違う。これもダメ」

と言いながら探して、なんと、最後に一種類だけ、彼女が日頃接している、入院中の高齢者に使っているものが見つかった。

それは、女性のタイツ（パンティストッキング）の脚の部分を切り落としたような、パンツ型のものであった。布地はストッキングと似て薄く、伸縮性が非常にいいが、ストッキングより粗い織りになっている。

「これだったら、ほんのちょっとのもれが心配なときでも使えるし、おしゃれをして外出するときも、表に影響しないでしょう？」と言う。

たしかに最近では、紙おむつそのものが格段に進歩し、種類も豊富になってきている。小型で吸収もよく、防臭加工もされているパッド状のものも出てきているので、基本的にそれが必要な部分に当たりさえすればよく、昔風の分厚いカバーは必要なくなっている。

彼女の病院での体験では、最初におむつパッドを正しい位置に固定しさえすれば、この薄いカバーでも、身につけている間におむつがずれることはないという。

最近の、ウエストのところに接着テープがついている、おむつカバーも兼ねた厚手の紙おむつは、かさばるので、デンマークでは廃棄するときのことが問題になりはじめているそうだ。

よくみると、その、デンマークで主流になっている薄いおむつカバー（スウェーデン製）に加え、それに使う大小いろいろのおむつパッドも、男性用・女性用、中程度の失禁用・重度用、昼用・夜用、とさまざまな種類の見本があった。パンツ型のカバー、パッドとも値段はけっして高くない。

ちなみに、その薄手のパンツ型のおむつカバーは、S・M・Lとあり、Sはどんなに引っぱっても私には小さ過ぎるが、Lの方を手で伸ばしてみると、私のサイズよりはるかに大きな人でも使える。

二〇〇四年現在、日本で、そのようなスウェーデン製のおむつパッドやカバーを扱っている会社の一つ、ユニ・チャーム・メンリッケ株式会社（電話：03-5772-0190）に問い合わせてみると、カタログや値段表も送ってくれる。

その中のスウェーデン製のブランド名、テーナ（TENA）の見本を取り寄せてみた。

重度から軽度まで、使う人の体の状態や、尿の量にあわせて、一晩中おむつを取り替えなくても比較的快適にすごせて洩れの心配のない安心なものから、より快適にしかも下着と少しも変わらず使えるもの（外出もでき、コットン製で伸縮もしなやか。全面通気性があるのに防水素材使用）などもそろっている。

私は、その一つ、テーナコットンスペシャルというおむつカバーを実際に身につけて半日ほど使ってみた。七一％木綿、二五％ポリエステル、四％エラスティンの素材の柔らかいニットである。パッドは使ってみなかったが、気持ちよく使えた。夏に使っても、むれてあせもができることはないと思った。

テーナ製品についての問い合わせと宅配注文は、フリーダイヤル（0120-66-9992）で扱っている。

飯田橋のセンターを訪れた時ついでに、キエステンにおむつ替えのコツを習った。自分でできる人は問題ないが、ボケ始めたりしておむつをいやがる人の場合、二人で取り替えるのだそうだ。

一人が話しかけながら前の方の服を直したりして体を支えてあげている間に、もう一人が後ろからズボンを下げるなどして、手早く取り替えてあげるとよい。そうすればパッドを正しい位置に当ててあげられると彼女は言っていた。

もう一つ、年をとってくると、トイレに行くときに、一人でパンツを下ろしたりなどが少しずつ難しくなってくるという問題がある。そういう不便を補うものとして、どういう方法があるだろうか。

介護用の下着売り場に行くと、パンツやパジャマのズボンが股割れになっているものが売っている。つまり、しゃがむと下が大きく開き、立てば股下が二重になるのである。これなら、立つか椅子に坐っているかぎり、ちょっと見にはわからない。

そのほか、自分の家でできることとして、パジャマのゴムをゆるく直すとか、普通のズボンなら前ボタンをやめてマジックテープにつけ替える、といった方法がある。最近は、マジックテープの裏に接着剤がついていて、紙をはがして押さえるだけでつけられるものや、アイロンをかけて接着部分をしっかり固定するものなど、便利なものが売っている。いずれも必要な長さにはさみで切って使えるから、比較的簡単につけ替えられる。

日常は普通の暮しができる人でも、おむつを必要とする人もいる。それに対処できる衣服、パジャマのリフォームなどについては推薦図書＊1－Ⅲ『高齢者・障害者の生活をささえる福祉機器Ⅲ　入浴　排泄　自助具　衣服』に詳しく出ている。

もしどうしてもジッパーを使うのなら、ジッパーの引き手に大きなリングをつけるなどの方法もある。

もう一つのアイディアは、いつかテレビ番組で見たのだが、三～四センチの幅の布を二、三枚合わせた帯状のものを作り、それを一〇～二〇センチぐらいの長さでいくつかに切って、両端を患者さんのパジャマのズボンの後ろや脇のポケットの位置に縫いとめるという方法である（図参照）。

これは、自分で排泄する時というよりは、介護する時に身体を支えてあげやすくする工夫の一つである。

また、それと同じように、介護する人の着る上っぱり風のものに握り手をつけるやり方もある。その場合は、上衣の脇や背中のウエスト部分に、その握りを取りつける。このとき、二つずつ並行に三、四センチ離して縫いつけておくと、握りがしっかりするそうだ。

私はまだ試してはいないが、これなら少々縫いものができる人なら簡単に取りつけられ、ズボンを下ろしてあげたり、引きあげたり、体を起こしてあげたりするときも、お互いに無理をせずにできると思った。

服にこうした握り手がついていると、患者さんの方も、たとえ弱い力でも介護の人につかまることができて、安心感もあるかと思う。

便器、便座類も私が腰痛に苦しんだ十年前とは違って、幅広くいろいろなものが売られている。

ポータブルトイレも、日常は椅子の形をしていて、見舞いの客がきても困らない。椅子の後ろ足にキャスターがついていて、少しの移動には困らない。また、トイレにしゃがむ、立ち上がるときの助けになる手すりも、タイプの違うものがあり、たとえ、今の段階で必要がなくとも、ぜひ一度、この種の器具の展示場を見ておくことを勧める。必要にせまられる前に一度でも見学しておけば、いざというときに非常に役に立つと思う。

また、失禁予防の体操から始まって、排泄についての情報を段階に応じて、細やかに実用的に書いてある本として、次の本を推薦したい。

『排泄介護実用百科』監修・浜田きよ子。出版社はひかりのくに（電話：〔東京〕03-3979-3112　〔大阪〕06-6768-1155）（推薦図書＊9）。

また、京都市上京区にある「むつき庵」では、浜田きよ子さんが代表で、来場者の相談にのりながらケア用品が選べるようになっているそうだ。

あるいは、先に紹介した推薦図書＊1-Ⅲも役に立つ。

排泄のことは、人間の尊厳にとって最も基本的なことであるだけに、今のうちにできることは準備しておきたいものである。

入浴中の突然死を防ぐために

六十歳を越す頃までは、入浴することによって体に異常が起こるということを、自分の問題として考えたことがなかった。せいぜい、風邪を引きそうな感じがあるときは入浴しない、というぐらいであった。

だがこのところ、入浴の折に洗髪すると、翌日、風邪を引くことが多いように感じて、洗髪は朝食前にすることにした。小さな変化でも、身体が確実に弱っていると感じる。

そんな時、入浴中の突然死が高齢になるほど多くなるという話を読んだ。

東京ガス・都市生活レポートNo.35「入浴中の突然死を防ぐ」「入浴中急死の事例検討」及び、国民生活センター刊・くらしの危険No.224「浴室内での死亡事故」の三つのレポートである。

東京ガスのレポートによると、高齢者の住む古い一戸建ては、比較的窓が多い上に、隙間風が入りやすい構造が多い。年をとってくると寒さの感覚が鈍くなる上に、浴室は冬は寒いものと思って何十年も暮してきているわけである。それでも湯船に入れば温かくなる、それを楽しみに風呂に入るから、どうしても、冬は特に熱めの風呂に入りたがる。実際、私もそうであった。

ところが、これが危ないのだという。

国民生活センターのレポートによると、東京・大阪・兵庫の三監察医機関が一九九三～九七年までに扱った入浴中の死亡事故二七三六件のうち、六十五歳以上で亡くなったケースが八割、とりわけ七十五歳以上がその七割以上で全体の六割に近い。それも、冬場の十一～三月、特に十二～一月にかけての発生が多いそうだ。

時間帯は午後六時から午前一時がほとんどである。

死因の八割は病気発作によるものである。特に多いのは心筋こうそくなど循環器系疾患が原因で、入浴が引き金になっているとある。

入浴時には血圧の上昇や低下が起きやすい。寒い時期、浴室・脱衣場の気温が低く、浴槽内との温度差が大きいほど、血圧変動も大きくなる（次頁表参照）。

加えて、特に高齢者は熱い湯に長時間どっぷり浸《つ》かるのを好む傾向がある上に、

脱衣室の温度と入浴による血圧の変動

脱衣室の温度	脱衣・洗浄後の血圧上昇 (mmHg)	浴槽につかると下降 (mmHg)
10 ℃	↑ 17	↓ 26
17.5℃	8	19
25 ℃	6	15

(東京ガス・都市生活レポートNo.35より)

循環調整機能が低下しているし、高血圧患者が多いことで、危険度も増すそうである。

それから、諸外国に比べて日本では高齢者の浴槽内での溺死が多いという統計がある。これは、肩まで湯につかる入浴習慣や住宅構造が原因ではないか、という。

以上のことから、入浴中の突然死を防ぐためには、

①湯の温度を三八~四〇℃までにする。二十分以上は入っていないように。

②脱衣場を暖房する。浴槽を浅くする。ころばないように浴槽内にも滑り止めマットを敷き、洗い場のタイルの上にも滑りにくいものを敷く。

③家族が先に入ってから使う方がよい。その頃なら浴室も暖まるし、湯も熱過ぎない。

④家族の中で一番に入るのなら、シャワーを使って給湯する。こうすれば浴室内

入浴による血圧の変動

1 脱衣
寒い脱衣場に入る。服を脱ぐため体を動かすので、血圧は上昇する。
血圧上昇
2 浴室に入る
寒い所に入るので血圧は上昇する。

血圧上昇
3 湯を浴びる
体が刺激を受けるので、血圧は上昇する。

血圧上昇
4 浴槽へ入る
熱い浴槽に入ることで血圧は上昇し、熱いお湯に触れてさらに上昇。静水圧の影響で心臓の負担が大きくなり、上昇する。

血圧上昇
5 浴槽につかる
体が温まり、血管が拡大、血の流れがよくなり、血圧は下降する。

血圧下降
6 体を洗う／髪を洗う
体を動かすため、血圧は上昇する。

血圧上昇
7 浴槽につかる
体が温まり、血管が拡大、血の流れがよくなり、血圧は下降する。

血圧下降
8 浴室から出る→着衣
温まった体が急に寒い脱衣場に入るため血管が収縮し、血圧は上昇する。服を着るため体を動かすので、血圧は上昇する。

血圧上昇

（国民生活センター「くらしの危険」No.224より）

が暖まり、湯も柔らかくなる。

⑤入浴するとき、必ず家族に声をかけてから入る。特に浴槽に入って五分以内に事故が起こることが多いといわれている。

年をとると、なんとなくもったいない、と思いがちであるが、冬期に浴室や脱衣場の温度を上げることは、脳出血などを防ぐために大切な処置である。もったいなくとも今日から考えてみてほしい。もし何かあって、入院したりするよりはずっとよい。

前記のレポートでは、特に冬場は、浴室・脱衣室ともに二五℃に設定してから衣服を脱ぎ、入浴することを勧めている。

浴室・脱衣室では、一般に狭い中で服を脱いだり着たりするので、炎の見えるガス暖房器や石油ストーブは使わない方がよい。何かのひょうしに衣服に火が着いたりして危険である。

私の家の浴室は、脱衣室が比較的広いだけに冬は寒い。東京の寒い日で一〇℃ぐらいになることもある。風呂の湯が四〇℃とすると、三〇℃の温度差があるわけである。

この記事を読んで、とりあえず、一・二キロワットのセラミックヒーターを脱衣室に持ちこみ、風呂のスイッチを入れるときにそのヒーターにもスイッチを入れ、廊下側のドアを閉めた。風呂が沸くまでに約二十分。その間に脱衣室は一五℃になっただけであった。

セラミックヒーターは温風は出るが、外側からはヒーター線のようなものが見えない。安全ではあるが、これで室温を二〇℃ぐらいまで上げるには時間がかかり過ぎるし、ドアを開けるとすぐに温度が下がる。次項で述べるが、浴室換気乾燥暖房器を取りつけることができれば、それが最もよい解決法であると思う。それが難しければ、温いものを飲むなどして身体を十分暖めてから入る、あるいは隣の部屋は暖かいのなら、いっそそこで着替えて、寒い場所にいる時間を短くするなど、いささかこそくな方法も考えられるが、特に冬期の寒い場合、できるだけ、電気やガスのヒーターを入れたり、シャワーを使って給湯し、入浴前には浴室の床の温度を上げるためにシャワーの湯を上から床に向けて出すなど、くふうしてみてほしい。

東京ガスのレポートに紹介されている日本健康開発財団の植田理彦先生のグループが行なった実験のデータを見ると、安静時に血圧九〇の人が四二℃の湯船に入ると、血圧は一三〇を超えるまで急速に上昇し、その後数分間で一〇〇程度まで急速に下降する。だが湯の温度が三八℃のときは、九〇から一〇〇程度にあがるだけで、それも数分でほぼ平常時の血圧に戻る。

さらに、湯船から上がって体を拭き、服を着終わるまでの血圧を連続して記録してみる。すると四二℃の湯から出て連続して測った血圧の変化に比べて、三八℃の湯から出た人の方が、その血圧の変動がずっとなだらかであるという。

だから、脱衣室・浴室の暖房も、できる範囲でした上で、三八℃ぐらいのぬるめのお湯（風呂用の温度計も売っている）に入るようにした方がいい。

若い家族とともに住んでいるならその人に頼んで、もしそういう人がいなくても、服を脱ぐ前に風呂のふたを開け、温度計を入れて湯の温度を確認する。その点、少しぜいたくかもしれないが、ボタン一つ押すだけで給湯し、温度も一定に保ってくれる自動給湯の装置がある。わが家もリフォームの時それを入れたので、湯の温度については問題がなくなった。

年をとると、寝る前にゆっくり入る風呂は楽しみであるだけに、好みの温度、好みの時間で入りたいが、突然死の予防のためには、安全第一で風呂を使うようにしたい。

浴室のリフォーム

年をとると、突然死とまではいかなくとも、入浴時にはさまざまに身体に負担がかかるものである。まだ元気で、入浴時に何の不自由も感じていない人でも、五十歳前後になって家を部分リフォームするときに、トイレとともに浴室だけは、ある程度のリフォームをすることを勧めたい。

(1)浴槽に無理なく入れるように

私の家でも十四年前に浴室をリフォームしたが、その際、工事の人のアドバイスを取り入れたり、自分でショールームに行って浴槽を選んできたりもして、半分ぐらいは、高齢になった時の用意をしたつもりである。

一つには、湯船に楽に入れるように、浴槽を半分埋めこみ式にした。現在、洗い場のタイルの床から浴槽の縁まではは三八センチで、比較的またぎよい。しかし、浴槽の縁から底までの深さの方は、もし足や腰の具合が悪くなってくると、少し深過ぎるかもしれない。

私の場合、浴槽を買い直すとき、プラスチック浴槽にした。二か所に手すりもついている。そして、わが家の浴室は比較的スペースがあるので、浴槽の右手に浴槽の縁と同じ高さに、幅五〇センチの腰を下ろす場所も作れた。

将来、浴槽の縁を一気にまたぐのが難しくなってきても、この段に腰を下ろして手すりにつかまり、そろ

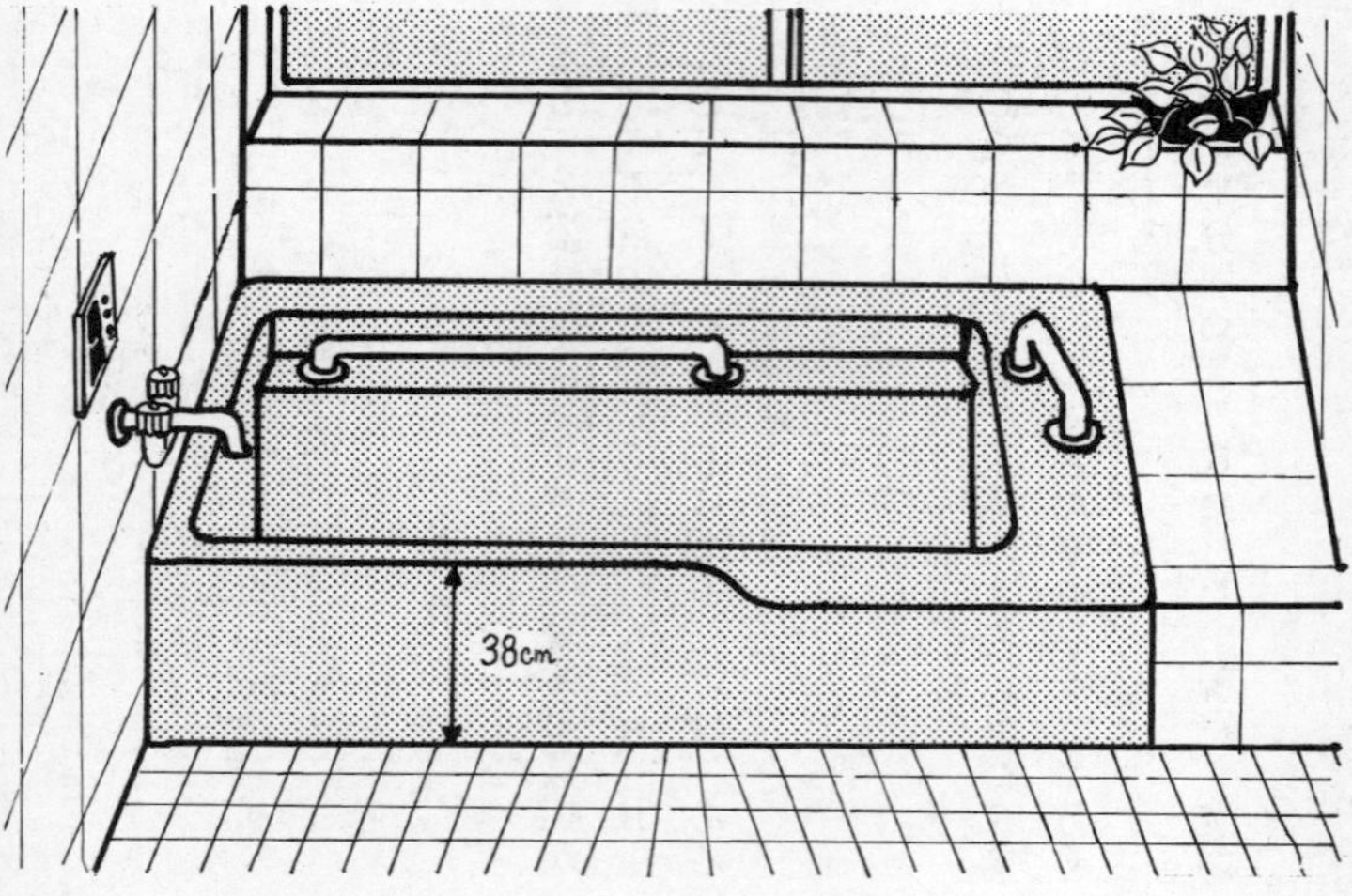

そろと向きを変えれば、比較的安全に浴槽に入ることができるだろう。

このとき、もし、浴槽が深く感じられるようになったら、浴槽の縁にしっかりと留めて、安心して使える手すりも売っている。（アロン化成株式会社　電話：03-5420-1141）

それだけでなく、腰掛けてシャワーを使ったり、あるいは介助者に身体を洗ってもらうときにも使える椅子も、いろいろなものが売っているようになった。片側だけにグリップのついたもの、背もたれのあるもの、それに加えて、浴槽内で湯の中に安定して沈んでくれる椅子。

その他にも、浴槽の外から中へ移動するときに便利なトランスファーボード（片側に車輪がついている）や、高さや幅もある程度調節できる、滑らないスノコなど、介護保険が使える用具もいろいろある（たとえばＴＯＴＯのもの。お客さま相談室フリーダイヤル：0120-031010）。

できれば、少しでも元気な間に、ショールームなどを見ておくとよい。

(2)全自動給湯装置について

十四年前、浴室をリフォームした時につけるかどうか迷ったが、今ではつけてよかったと思っているのが、風呂の全自動給湯装置である。

たしかに、浴室全部をリフォームし、湯の温度もコントロールすると、数十万～百万円以上かかるかとも思うが、水回りなど十年以上経っている場合は、工事をしなくては家全体の寿命にも影響してくる。

私の親しい友人のIさんは、私とほとんど同じ年齢であるが、わが家と似たような一軒家に住んでいて、築後二十年ほど経ったので、わが家に先だって浴室を部分リフォームした。だが、自動給湯にはしなかったという。

「風呂の水張り(もちろん水道を使う)は、老化防止になるから、直さなかった」というのがその理由だった。

これを聞いて正直、迷った。今から十四年前である。まだどこの家でも自動給湯装置をつけているわけではなかったので、別の友人が強く勧めてくれたときも、そこまでお金をかけなくても……と一瞬考えた。

しかし、実際につけてみると、台所か浴室どちらかでボタン一つ押せば、約十五分で湯が入り、しかもあらかじめ決めた温度になっている。これなら、水を無駄にしないだけでなく、沸かしすぎもないし、入浴できるサインが鳴るまで何も考えずに他のことに没頭できる。なにより安心なのは、万一、入ったあとスイッチを切り忘れても、三時間後には自動的にガスが止まる。こういうことも、高齢者だけの住居にとっては必要なことである。

また、給湯のボタンを押すときに、浴槽の栓をするのを忘れていた場合の対応も、メーカーや機種によって違う。購入するとき（リフォームのとき）そういう機能があるかどうかも確認したほうがよい。

風呂を沸かして忘れないようにすることもボケ防止に役に立つだろうが、私は、便利さとともに万一の時の事故を防ぎたいと思った。そして、私にとってはこの選択はよかったと思っている。

(3)浴室換気乾燥暖房機のすすめ

だが、私が今、できればお年寄りにすすめたいと思っているのが、浴室内の暖房と洗濯物の乾燥を兼ねた、浴室換気乾燥暖房機である。これを取りつけることで、先に書いた、冬期の浴室・脱衣場の温度差から起こりがちな、入浴中の突然死を防ぐこともできる。

夫も私も、どちらかというと血圧は低めということもあって、なんとか今年の冬は乗り切ることができたが、秋までにはこの家に住み続けるかどうかを決めて、浴室暖房乾燥機をつけようと思っている。

最近は浴室用の暖房機器もさまざまなタイプのものがあるが、せっかく設置するなら暖房能力が高いものがよい。浴室に足を踏み入れた瞬間にもっともつらいのは、足元の冷たさであるが、能力の低い機種では温風が十分に届かず、足元は一〇℃以上に上がらない場合もある。その点、ガスの温水暖房機は、真冬でも足元から頭の位置まで均一に、三〇℃以上の温度を保つことが可能で、立ち上がりも早い。

次の問題は設置する場所があるかどうかだが、浴室の状況にもよるが、基本的には天井や外と接している壁に取り付けることになる。

ガスの温水式の場合は、室外機の設置が必要だが（使用電力は少ないため、別配線は必要ないが、屋外に配線を出す工事はしなければならない）、一つの室外機で脱衣室の暖房や、居間の床暖房までまかなうことも可能である。

費用については、それぞれの家の浴室が違うので、はっきりしたことはいえないが、東京ガスに尋ねたら、浴室のみの場合、後付け浴室暖房乾燥機「ホットドライ」で、工事費共に約二十万円、脱衣室にもつける場合は、工事費込みでプラス約五～六万円といわれた（東京ガスホームページ：http://home.tokyo-gas.co.jp/living/mizu/hotdry/index.html）。

しかし、これによって、冬は暖かく風呂に入れ、夏は逆に送風機としても使え、洗濯物の乾燥もできる。その上、風呂場のカビの悩みもなくなる。

血圧が高めの高齢者がいる家では、もしも取りつけ可能な構造ならば、検討してみてもいいのではないだろうか。

昼のベッドと夜のベッドを分ける

二人の娘が、前後して結婚して家にいなくなり、二つの部屋が空いた。一つの部屋は、夫の書斎にしてインテリアを替え、ベッドもなくして本棚などを入れたが、もう一つの部屋のベッドは、泊まり客もあるだろうと、そのまま残しておいた。

その後、私はひどい腰痛で寝起きもままならぬ状態で、昼間も寝ている生活になった。

三週間ぐらいベッドを離れられない生活が続くと、使っているふとんも干したいし、第一、同じところに二十四時間寝ているのはつらくなってくる。そこで、東南向きの、かつての娘の部屋のベッドを昼間に、夕食をすませた後は、いつもの寝室の方のベッドを使うようにした。半日ずつ、二つのベッドを交代に使うことにしたのである。

すると、驚くほど気分が変わる。しかも、ずっと同じベッドに寝ているわけではないので、湿気もにおいもこもらず、快適である。

これまでは、昼も夜も同じふとんで寝ていたわけだから、湿気もたまりがちだった。天気のよいときには食事どきにふとんを干してもらったり、敷きぶとん（ベッドパッド）をもう一枚用意して取り替えたりもしたが、元気なときに夜しか寝ないのと比べると、昼夜通して同じベッドに寝ているのではどうしても気が滅入ってくる。

家が狭い人からみると、ぜいたくに聞こえるかもしれない。けれども、六十歳を過ぎた世代の家では、子供が成長して結婚したり、地方に赴任したりして、かつて子供部屋だったところをあけたままにしている家もけっこうあるように見受ける。

半分、寂しさもあり、また、片づけるおっくうさもあって物置き状態になっているのならば、余分の寝室を一つ用意して、居心地のよい部屋にし、ベッドを置いてみたらどうだろう。テレビやステレオを置いてもよいし、その部屋なら見舞いに来た友人も安心して通せる、というふうにもしておける。

また、病気の程度にもよるが、特別に昼間寝る部屋を用意するというのでなくとも、食堂の横にソファーベッドのようなものを置き、昼間、寝る必要がない間はリビングとして使えるようにしておき、寝ることが多くなれば、昼間はそこに寝たり腰かけたりして、家族の食事のだんらんが見えるところで生活するのもよいのではないだろうか。

そうすれば、朝になると寝巻はぬいで、部屋着やらワンピース風のガウンなどに着換えるきっかけになるし、男性なら毎朝ひげをそり、女性なら薄化粧をするようにもなる。家族と同じ食卓に坐れなくても、家族が見えるところで食事ができれば、会話もできるし、食欲も出てくるであろう。

もしも一部屋余裕があるのなら、ベッドを置いて、当分の間は友人や親戚などが泊まる時のために、いざとなれば昼間寝起きするのに使えるような部屋をつくっておいたらどうだろうか。

寝具について

さて、リビングなどで寝るとなると、ふとんもちょっとおしゃれなものの方が、気分も変わるし、家族の目にも快い。この際、古いふとんの処分を考えてみてはどうだろうか。

私の母が元気だった頃、夏になると、古く硬くなったふとんを店に頼んで打ち直しをしてもらい、そのフワフワになった綿を使って、ふとんの側《がわ》も自分で縫って、すっかり新しく作り替えていた。

その記憶があるので、私もなかなか古いふとんを捨てられない。

しかし今は、羽毛ふとんをはじめ、ふとんカバーなしで使えて洗濯機で洗える綿毛布など、新しいものがいろいろ出ている。また、私も買ってみたのだが、中は羽毛で、かつ丸洗いできる、軽い肌掛けふとんもある。

三十代の私の友人が、結婚して夫の両親と一緒に暮し始めてから、一枚ずつ新しいものを買っては年寄りに試させて、結果として、古いものはほとんど捨てて、寝具を完全に新しくしてしまったと聞いた。今ではその両親から、ふとんが軽くなり押入れもすっきりしたと喜ばれているという。

この際、今あるふとんにこだわらず、自分に合った寝具を一から考え直してみたらどうだろう。

十年前に腰を痛めて、ほとんど寝たきり状態になったとき、それまで使っていたベッドの敷きマットをそのまま使うのが怖くなった。この柔らかさが腰痛が起こった原因の一つかもしれないと考えたからである。

そこで、これまでのマットの上に、肩のあたりから腿の中ほどくらいまでベニア板を敷いて、その上に、家にあって客用の掛け布団として使っていた木綿や絹綿のものを二枚敷き、それをダブルの大きな毛布で、ベニア板の左右の端までをくるむようにした。そして、腰痛で寝込んで以来十年間それを使ってきた。

最近会った作業療法士の人に話を聞くと、ベッドの敷きマットも、この頃はいろいろ新しいものが売り出されているという。介護用品を展示しているところに行ってみると、エアマットレスやウォーターマットレス、薄いウレタンマットレス、それに最近はゲルといわれる、空気の流通がよく、そのうえ、ある程度弾力性があるものまである。また、寝具を扱う店に行ってみると、羊毛綿や化繊綿など、いろいろな素材を使い、厚さやキルティングのやり方もさまざまである。

これについては、推薦図書の＊1－Ⅰにわかりやすく解説されている。寝たきりに近くなり、寝返りも難しくなっている人と、現在の私のように腰痛はあるが、いちおう普通の生活もできるし、寝返りも自分でできる人とでは、寝具の選び方も違ってくる。

家族は全員ベッドで寝ていても、来客用にとか、夏冬の入れ替えの際に使うかもしれないと、相当量の寝具が押入れに納《しま》ってある家も多いのではないかと思う。もしも来客用のベッドを買うのなら、そのベッドの下にふとんを納えるようにして、ふとん用の押入れを空けることを考えるのもいいかもしれない。

ふとんに限らず枕も、最近は大きな店に行くと、寝た状態で頭の高さを測ってくれて、その人の頸椎《けいつい》に負担をかけない形状のものを選んだり、硬さもアドバイスしてくれる。

たとえ入院しないまでも、これから横になる時間が長くなる生活になってくるのだから、自分で店に行って相談にのってもらえる間に、新しいものに目を向けてみてはと思う。

加齢とともに、ゆっくりと休める環境を整えたいものである。

家の中の段差とリフォーム

ころんだとか、内臓疾患などで長く寝たきりの生活が続き、やっと起き上がれる段階に来たとき、家の中に手すりを作ったり、段差を解消するスロープを作ったりすると、本人も少しずつ頑張ってリハビリする気にもなるし、回復する手だてにもなる。

玄関にある大きな段差がつらくなってきたなど、以前のように楽に動けなくて日常生活が不自由になってきたら、まず誰かに相談することから始めよう。

弱ってきたからといって行動半径を縮めて家の中に閉じこもってしまっては、ますます身体が弱り、より悪い方へいってしまう。

たとえば、地域の中に必ずある福祉関連の係に電話をしてみる。私の住む世田谷区では、(財)世田谷福祉センター、福祉用具・住宅改造展示相談室(現在は、た

すけっとと呼ぶ　電話：03-3411-6850）があり、住宅リフォームの相談にものってくれるし、そこに行けば、浴室・トイレ・出入り口の扉などのリフォームの例や、それに関連する用品も展示してあり、実際に試してみることもできるようになっている。

現在は、介護保険を使って認定をしてもらうと、まずケアマネジャーが決まる。その人に、なにによらず介護に関連することは相談できる。公的な援助にどんなものがあるかもわかるし、高齢者向けのリフォームになれている専門会社のリストも用意されており、地域によっては、そのような目的のボランティアグループも紹介してくれる。

自分だけの考えで部分的に直すよりは、専門家に家の中を見てもらい、介護が必要になってきた本人にも会ってもらって相談してみよう。その上で、こちらの予算も考え、必要なところをまとめて工事をしてもらった方が、後でやり直したりせずにすむと思う。

機会あるごとに人に話を聞いてみると、思わぬよい方法も見つかるだろう。次に、具体的なリフォームの要点を列挙してみる。

手すり

つけた方がいいと思いながら、必要にせまられないとなかなか思い切れないものだが、一度でも足もとがぐらついたり、はっとするようなことが起こったら、直ちに行動を起こそう。

手すりは、使う必要のある人には命綱である。信用できる専門家にしっかりつけてもらおう。

また、年寄りは握力が弱くなっているので、手すりの太さや形・位置にも、使いやすいものとそうでないものがある。工事をしてもらうときによく話しあい、本人も立ち会って、納得したものをつけるようにする。

段差解消スロープ

たとえ二、三センチでも、家の中に段差があると、つまずく原因にもなるし、特に家の中で車椅子を使う場合には問題になる。そのために部屋の境などにある段差を、なだらかなスロープにする建材が売られている。たとえばＴＯＴＯ（電話番号は四七頁参照）では、高さ三〇センチまでの段差がうめられる建材を扱っており、相談すれば取りつけまでやってもらえる。

　また、DIYの店（日曜大工用品を売る店）に行けば、自分で取りつけることもできるような素材も売っている。その段差の高さと幅を正確に測って、材料を選んで切ってもらい、取りつけ方も教えてもらうと、一か所三、四千円でできる。ただし、床が平らで接着しやすい素材で、器用な人ならば、である。完全な素人だとかえって危険になる場合もあるので、できるだけ専門家に頼んだ方がいいかもしれない。

　また、玄関の上がり口に大きな段差があるようなら、その傍に安定した椅子を置いたり、低い踏み台を置いたり、靴下などがひっかからない、見た目も悪くないすのこを置いたりするのもよい。こうした福祉用具は、地域の福祉関連の展示場を訪れて実物を見て相談にのってもらった方がよい。メーカーも増えている。介護保険を使って、レンタルや、購入費の補助が出る。道具のカタログもある。

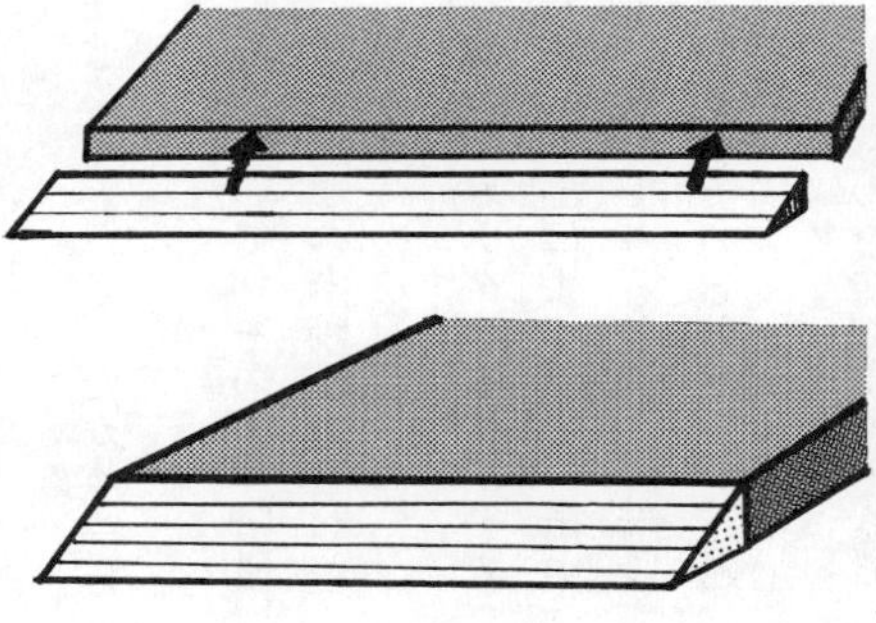

階段について

年をとったら階段のある家には住まない方がよい、とよく言われる。だが本当にそうだろうか。

実は、今住んでいる私の家は、二階が私たちの寝室になっていて、その上、階段の段差が高めである。だが、三十年暮していて、今のところ、この階段があるおかげで膝がしっかりしていられると思っている。

というのは、数年前まで、夏は一か月ぐらい、避暑を兼ねてカナダのアパートで暮していたが、そこには階段がなかった。逗留している間、外出はよくして、街中や公園も歩いていたつもりでいたが、夏が終わって自宅へ戻ってみると、この階段がつらく、膝も痛む。だが、我慢して毎日階段をのぼりおりしていると、二、三週間で気にならなくなる。

夫も私も、二階に忘れものをしたり、持ってくるつもりのものを持たずに下りてきたりして、一日に二十回以上は階段をのぼりおりしている。そのたびに、もの忘れのことは棚にあげて、「それがいいのよね」と、負け惜しみのような、年寄り二人の会話を繰り返している。

本当に階段がのぼれなくなったら、また別の方法を考えなくてはならないだろうが、まだそこまで弱っていないうちは、積極的に階段を利用するように心掛けてもいいのではなかろうか。

マットの滑り防止シート

年寄りの事故で多いのが、床に敷いてあるマットや紙などで滑っての転倒事故だそうだ。

それを防ぐための滑り防止の薄いシートが売られている。私は、近くの大型日曜大工の店で買ったが、目の粗い網目のシートに、ゴム状のプラスチックをコーティングしたようなもので、幅八〇センチのものを一〇センチ単位で切って売ってくれた（メートル当たり千二百円ぐらい）。

マットとほぼ同じ大きさに切って、床とマットの間に敷くだけで、滑らず、まくれない。

＊

さて、こうした問題のあるところをリフォームしたり見直したりすることも大切だが、家にいるお年寄りの暮しの中の生活行動をよく観察して、健康な家族も自分で同じように動いてみて、部屋の中の通路や廊下には、邪魔になるものをできるだけ置かないようにする。また反対に、必要なところには滑りにくい椅子を置き、それを手すり代わりにしたり、ちょっと腰かけたりできるようにする、などの工夫も大切である。

そして、少しでもそのお年寄りが自分のことは自分でできるように、ほしいものは自分で取れるように、考えてあげよう。

私も、今のところは少し高いところのものも、手を伸ばして取っているが、踏み台や椅子に乗って物を取ることはやめた。そのためにも、なるべく物を減らすように整理していきたいと思っている。

2

生活を助けてくれる道具

恐くなかった介護用リフト

介護について説明をしているテレビ番組などで、介護用リフトを使っているのを見たり、介護用品の展示場で、実際に用具を見たことがある。けれども私は、健康なときでも恐ろしくて、誰に勧められても絶対に使いたくない、と思っていた。

ところが数年前、先述の世田谷福祉センター、たすけっとに行ったときのこと。たまたまそこに来ていた説明員の人が、「まず、私が乗ってみますから、一度ご自分でも乗って試してみませんか」と言ってくれた。

そういわれてはみたものの、私は杖こそついていないが、歩くときにも気をつけながら、という状態なので、空中につり上げられるリフトを試す気など少しもなかった。

ところがその人は、押しつけるつもりはないのだが……と、話しながら、自分で、ハンモック状の網（スリング）をベッドに広げ、そこに坐って、テレビのチャンネル切り替えのようなコントローラーを使って、ゆっくりと自分の体を持ち上げて見せてくれた。

そこまでしてくれると私も、この機会に試してみようか、と思い始めた。

その頃も私は、自分の身の回りの始末でさえ夫を頼っていた。こんな状態で夫が倒れたら、私にはどうすることもできない。だが、このリフトがあれば、夫自身が一人でベッドから起き上がれなくなったとしても、二人で今の家に住み続けることができるかもしれない。これを使って、夫をベッドの傍に置いたポータブルトイレに坐らせてあげたり、浴室や車椅子の環境整備ができて風呂にも入れてあげられるのなら、考えてみてもよいと思った。ともかく寝た状態から自分では起き上がれない人を、車椅子に坐らせることができる。

そのハンモック状の網は、つり上げても体が苦しくなるほどしめつけず、場合によってはそのまま便座に坐っても、用をたせるようにもなっている。万一、少々汚れても、網はプラスチック製なので拭き取るのは簡単である。

もちろん網ごと風呂にも入れられる。プラスチック製なので、浴槽から上がったところでタオルで拭けば、水は簡単に拭き取れる。

つり上げて巻き上げるモーターの入った本体は重量六キログらいなので、これを支柱や、しっかりした柱や土台につけたブラケットにつけかえれば、段差の大きいところを移動させることもできる（左頁図版参照）。また、メーカーによっては、下に車がついて移動できるタイプのもの（左頁下図）や、天井に走行レールを設置して自由に部屋の間を行き来できるようにするもの（これはレールの設置工事費が別に必要なので費用はもっとかかる）など、さまざまなタイプのリフトを作っている。

車イスへの乗り降りがたいへんで、家の中にある段差を解消するには構造上、時間も費用もかかりすぎるとき、こうしたものを使うのも一つの方法だと思った。

これを使わなければならない状況には、誰だってなりたくない。それに、実際にそうなったとき、入院したり、誰かに介護を助けてもらえるのなら、必要ないであろう。

しかし、私の場合のように、夫と私の、どちらかが急に具合が悪くなった時、この機械があれば、ある期間、二人だけでも在宅で介護できる、という場合もあるかもしれない。

そこで後学のために試してみようと、実際にやって見せてくれた説明員の彼女に

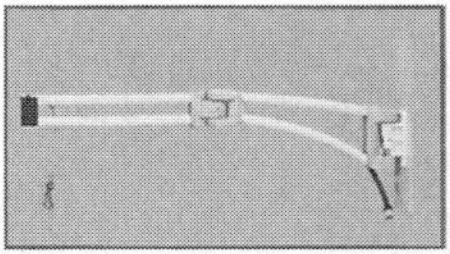

壁付けブラケットセット

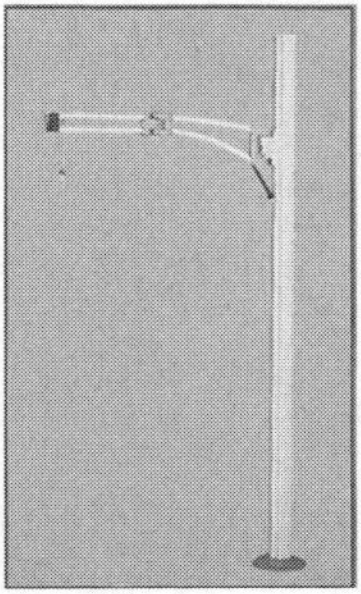

支柱セット

→ここから外れる

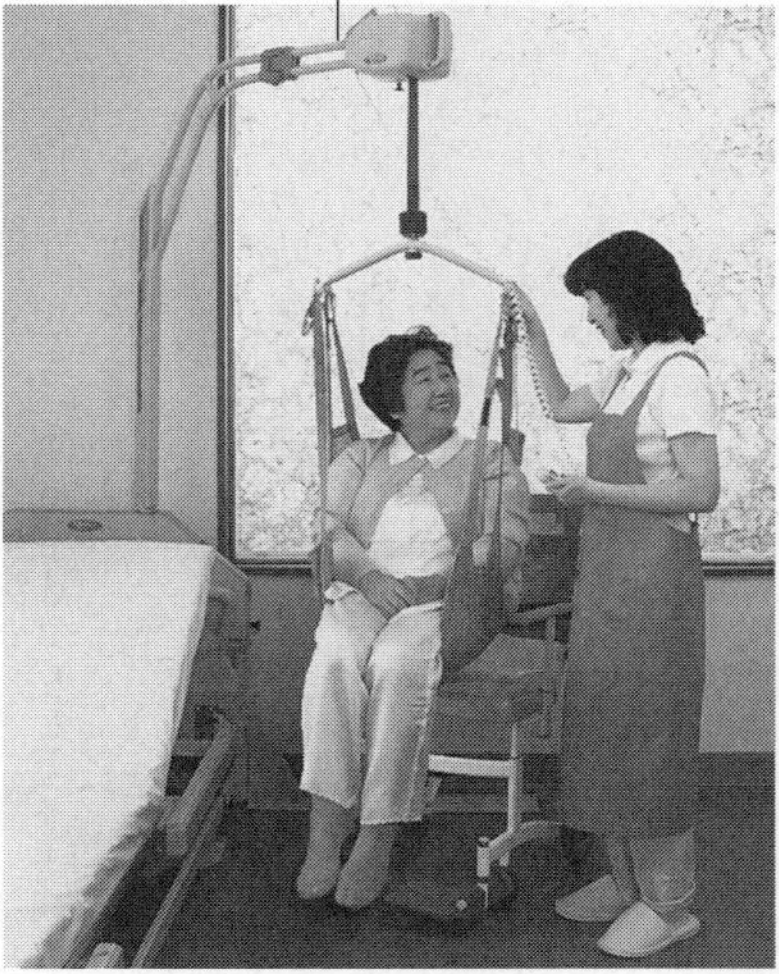

▲写真はベッドでの使用例。着脱可能な共通の本体部分を、使う場所にあらかじめ取りつけた支柱や壁付けブラケットに移し替えて使うこともできる。（ミクニマイティエース：株式会社ミクニ 電話03-3833-9548）

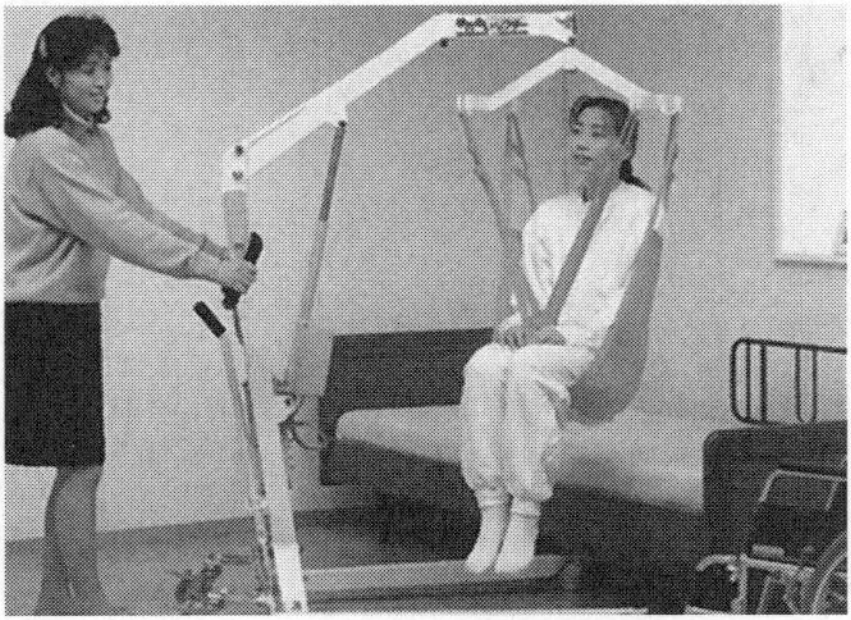

▲それ自体が移動できる可動式のリフト（ゆれないリフターII：ランダルベッド工業 電話0492-59-4433）

助けられて、ベッドの上に寝て自分でつり手にスリングを掛け、コントローラーで自分で自分を持ち上げてみた。一〇センチほど浮き上がってみたが、どこも苦しくない。

使う必要ができて、けれども見ただけでは使う気にならない人も、介護をしてくれる人の身体を守るためにも、選択肢の一つに考えてみてもいいのではないだろうか。その際、推薦図書＊1－Iなども参考になる。

もちろん、この介護用リフトも、病院の理学療法士、地域の福祉課を通して専門家とよく相談をした上で、使うことになる。

私は、まだ元気だった六年前に実際に試すことができたが、自分の具合が悪くなっていた時なら、このリフトを見ただけでは、使うことを逡巡しただろうと思う。けれども現在は、もっと身体の状態が悪くなってきても、このリフトを使えば、起きてトイレに行くにしろ、食事のときに食卓に向かって椅子に坐る時にしろ、また、少しでも外に出るために車椅子に移乗する時も、介助の人に大きな負担をかけずにすませることができる、と思えるようになった。そう考えれば前向きに検討してみてもいいと思う。

また、これだけでなく、階段ののぼり降りや、大きな段差がある場合にも助けてくれる道具の種類も増え始めているので、展示場やパンフレットなどをこまめに調べて、自分の暮しにあったものがないかどうか探してみることをすすめる。

車椅子を見る

私は、福祉機器の展示場以外、実際に車椅子を利用したことはない。けれども、腰を痛めて寝起きが非常に困難になった時期が三か月以上も続き、今でもわずかではあるが歩く時につらい障害が残っており、常に気をつけていなければ、という状態にある。

だから、今すぐに車椅子は必要ないが、充分に情報を取り入れて、いざというときはこういうものがほしい、と言えるようにしておきたいと思っている。

そんな矢先、NHK教育テレビの「すこやかシルバー介護」を見て、車椅子についての考え方の基本がわかり、そこに出演された、介護についての仕事をしておられる二人の方のやさしさと、細心の配慮が感じられる教え方に心打たれた。お二人のお名前は、市川洌さん(現在、福祉技術研究所)と河添竜志郎さん(熊本住まいづくり研究所)。本やカタログとは違って、実際に人が車椅子に乗って具体的に説明されたので、よく理解することができた。

車椅子を使う目的は、障害を持った体になったときに、生活の幅を広げ、少しでも行動半径を広げ、自立の方へ一歩でも近づけるためだという。

私は、自分の腰のこともあり、また、この本を書くということもあったので、チャンスを作っては、もう十回以上も車椅子を置いてある展示場を見て歩いている。その結果、元気な間にいろいろな種類の車椅子を見て試しておいた方がよいと実感している。

展示場を見に行く前は、私も、車椅子は軽い方がいいのではないかと考えていた。だが、軽いということは、持ち運びが楽な反面、車椅子が弱く、必要な装備も少なく、安定性も悪いということが、少しずつわかってきた。

実際に車椅子を使う段階になれば、まずは専門の医者や理学療法士の人に相談にのってもらって、その結果もらったアドバイスが第一である。

ひとくちに車椅子といっても、体の状態によって、さまざまな機能が要望される。軽い方がよいか、重くともしっかりしている方がよいか、外出用か、あるいは室内の移動だけに使うかなど、目的によって車種が違ってくる。

たとえ、骨や筋肉の病気でなく、他の病気で長く寝た後、少しずつ起き始めたような場合に車椅子を使おうと思ったときなども、地域の福祉関係の人に相談をしてみよう。

たとえば、車椅子を使って自分だけでなんとか動ける人と、介助の人に押してもらわなくてはならない人とでは、車椅子の種類がはっきり違う。

車椅子の幅一つでも、広過ぎると、車を手で回す場合に力が入りにくいそうだ。一般に、車が前寄りの方が自分で動かしやすいが、そうなると、背にもたれたとき、後ろにひっくり返りやすいなど、長い経験のある専門の人でないとわからないことがたくさんある。

折りたたみができる車椅子は、外出の時、車椅子を自動車に載せるには便利ではあるが、お尻の下が布地だけなので、長時間坐っているのには適さない。

その場合、お尻の下に敷くクッションを使うと、ぐんと坐り心地がよくなるそうである。普通の車椅子でも、クッションを使うと坐りよくなるので、いろいろな種類のクッションが売っている。体圧を吸収したり、分散したり、体が弱っている人にはどんなクッションを使うかも大切なポイントの一つらしい。車椅子だけでなく、これも介護保険の対象になるものである。

寝たきりだった人が車椅子を使って少しでも動き始められれば回復が早くなる。けれども長く寝ていた人は、坐るだけでも難しいし、ベッドの縁に足をおろして腰掛けることはなんとかできても、車椅子への移動はそう簡単なことではない。そうした乗り移りの際には、車をはずしたスケートボードのような、トランスファーボードという板を使ったりするが、その場合、車椅子のひじ掛けがはずれないと困るわけである。

また、車椅子で書きものなどをする人は、そのとき使う机（食卓も含めて）とのかねあいを考える必要がある。これも机の下に車椅子が入らないと使いづらいので、体が入るように前を丸くくりぬいてある机やテーブルを考えるのもよいと、その放送のときに言っていた。

自分で食事のための調理をしたい人の場合、リフォームの機会があれば、キッチンのシンクの下に車椅子に座ったまま入れるスペースも作れると使いよい。

その他、電動の車椅子もある。これだと当然重くなるが、少し練習すれば、介護人なしで一人で動くことができる点はよい。

こうしたさまざまな車椅子がある中で、この放送で一番強調していたのは、いよいよ車椅子が必要になったときは、少々困難でも本人を連れて行って、専門員の人に相談にのってもらって、何種類もある中から納得して選ぶ方がよい、ということであった。

現在は、介護保険で認定されている人はレンタルでもいろいろなものが選べる。電動車以外は、ほぼ月千円以下で借りられる。また保険の限度額以内なら二種類(たとえば室内用と外出用と)のレンタルも可能である。買う前に専門の人に相談して、レンタルのものを試してみることを勧める。

保険対象品だけでなく、企業の方でもレンタルをしているところが増えてきている。チャンスがあるときに、カタログをもらったり、試乗してみたり、実際に使っている人に話しかけて、日頃から知識を蓄積しておくとよいと思う。

その場合、坂や段差のある道路や、近所のスーパーなどの店ではどうするかとか、自分の住居で最も狭いところの幅は何センチか、などを測っておくことも大切なことである。

ふだんの椅子を考える

私のように、一時はほとんど寝たきり状態になり、やっと起きられるようになって、坐るときも立つときも、椅子の背の枠につかまったりしてそろそろと動くということになると、坐りよい椅子というものにこだわり始める。

先述したように、以前住んでいたので、私たち夫婦は六十歳を越えてからも時折カナダに行き、何人かの友人の家を訪れていた。そのとき、いろいろな家でトイレを借りるが、どこの家の便座も、日本のものよりは一〇センチ近く低い。四十代の頃は特別な不自由も感じなかったが、六十歳を過ぎてからは、立ち上がるときに足を引き寄せ、腹部に力を入れる必要が出てきた。まして、腰を痛めて少し治り始めた頃、久しぶりにカナダを訪れたときには、トイレで立ち上がるとき、横にある棚などにつかまらなくては立てなくなっていた。

このことから、日常に使う普通の椅子でさえ、椅子の高さは大切なのだと痛感した。

ちなみにカナダでは、高齢者用に、便座を高くするプラスチック製の、軽いがしっかりした枠のようなものが売られており、調べてみると日本でも売っている。だが椅子の場合は、逆に高過ぎても、足の裏が床にゆっくりと着かなくて落ちつかない。

その椅子が坐りよいかということは見た目だけではわかりにくい。それに、その人の状況によっても違うし、どのぐらいその椅子に坐り続けるのかによっても違うだろう。

三年ほど前、あるレストランで、坐るところも硬めな上に、背の当たるところが木製で頭の位置ぐらいまであり、そこに二センチ幅ぐらいの角材が縦に何本か通っている、ひじなしの椅子があった。最初は単にしゃれたデザインだと思っただけだったが、友人との食事の間の二時間余り、同じ椅子に坐っていたのだが、少しも苦痛でなかった。

角材が背中のちょうどよいところに当たって、それが快かったこともあった。すっかり気に入って、どこで買えるのか尋ねたが、特別注文でもう売っていない、という返事で、がっかりした。

どんな椅子がよいかはちょっと見ただけではわからない。私のような、骨が脆《もろ》くなっているが、その他は普通の健康体という人にとっては、まず坐るところが柔らか過ぎるのはよくない。そのために私は、飛行機の座席や映画館などの椅子を使うときは、新書判の大きさの本を一冊敷いて、腰がはまりこまないようにしている。レストランで坐るときも、椅子の種類がいくつかあるのなら、腰をおろすところが比較的高めで、硬い方を選んでいる。

背もたれの部分がない椅子は、五分や十分はよいがすぐに疲れる。かといって、包みこむような形でソフトなものは、少しもよく感じない。

幸い、今のところ私は、立つ、腰掛けるが自由にできるので、硬めの椅子で違うデザインのものを家の中に置いて、坐り疲れると椅子を替えている。

けれども、坐る位置が低めで全体が柔らかいソファーや長椅子は、私には不快感がある。来客には、つい柔らかいゆったりした椅子をすすめる方が丁寧だと考えがちだが、年をとった人にとっては必ずしもそうではない、ということも知っておいてほしい。

六年前、NHKの番組で車椅子について教えて下さった市川洌さんが、どんなに考えられた車椅子でも、弱っていて自分で体の位置を変えられない人を坐らせて、滑り落ちないようにベルトで支えているだけでは、本人は非常につらいのだとおっしゃっていた。

たしかに、寝たきりの人でも、時折寝返りをさせてあげないとつらいというのはよく聞くことである。坐っている場合はそれ以上であろう。

人間は椅子に坐ると無意識に腰の位置を変えたり、足を組んだり、斜めに倒したりしている。そうやって、体をリラックスさせているのだ。

足に障害がある若い人が車椅子を使うときは、ひじ掛けを使って、腕で体の向きをしばしば変えているそうである。その力が失くなっている高齢者の場合は、車椅子でも普通の椅子でも、体位を変えてあげるとか、疲れたようすだったら寝かせてあげる、ということが大切なことなのだとわかった。

以前、東京の飯田橋駅際のビルの中にあった東京都の福祉機器総合センターに頭の支え、背中部分とも、コントローラーを使って角度がそれぞれ変えられる椅子があった。北欧からの輸入品で、足のせ台も、伸ばしたり、下ろしたりできる。硬過ぎず柔らか過ぎず、他の椅子とは比べものにならない心地よさがあった。

四十万円近い値段であったが、立って歩けない体になったとき、これがあったら、どんなに楽になるだろうと思った。

中年ぐらいまでは、椅子については、見た目のデザインしか考えなかったが、加齢とともに、椅子に掛けている時間が長くなる。自分にとっての坐り心地のよい椅子を見つけておきたいものである。

照明はなるべく消さない

現在、六十歳を過ぎた世代の人は、特に「省エネ」と言われなくても、誰もいない部屋の灯りは無意識にスイッチを切る人が多い。一見、ほめられるべきことのようだが、私はこのクセはやめた方がよいと言いたい。

無駄にエネルギーを使うことを勧めているわけではないが、年をとってくるとどうしても視力がおとろえてくる。それを考えると、たとえ短時間でも、真っ暗な中を歩かない方がよいと思う。ころんで骨を折って寝たきりになったとしたら、ちょっとやそっとの「省エネ」ではわりにあわないのである。

国民生活センターが発行している「消費者被害注意情報」No.5によると、年をとると視力が低下してくるので、六十歳では青年期の約二倍、七十歳では二・六倍の照明が必要だという。

まず家の中の照明を考えてみよう。

高齢者の居間の照明は、部屋の中央に上から下がっている電灯が一つ、あるいは、天井に埋めこまれた蛍光灯が一つという家が多いのではないかと思う。

考え方として、年をとってきたら、部屋の照明の明るさを増すとともに、照明の数を増やして影の部分をなるべく少なくする方が安全であり、それによってインテリアも変わって、部屋の雰囲気も違ってくる。

まず、スポットライトやスタンドを考えてみる。たとえば、天井からの灯りに加えて、床や低い台の上に置くスタンド（たとえばボール状になった半透明の覆いの中に電球が入った、脚のないスタンドのようなもの）を使ってみてはどうだろう。

斜め下からの光が入ってくるのはしゃれているし、その部屋にいないときも、一つだけ灯りがついていると気分がよい。

スポットライトも、いろいろなものが売られている。二千円台から四千円ぐらいまでのそう

高くないものでも、器具のデザインがしゃれていて、フードなどの色がメタリック系だったり黒だったり、若い人でも喜びそうなものがいろいろある。スタンド式でなく、クリップでくわえて固定するタイプの灯りもある。

どこに置くかを考えるのも大切だが、家にも古いのがいくつかあるから、と思わないで、まず店に行って、気に入ったものを一つ、買ってきてみてはどうだろう。それを、新聞や本を読む机や、ソファー近くにつけてみれば、小さい字も読みやすいし、部屋全体も明るくなる。

今は、形は電球とほぼ同じでも、原理は蛍光灯、というものも売っている。たとえば先日、わが家の窓のない廊下につける電球型蛍光灯を買ってきた。その球の値段は五百八十円であった。だが、電球でいうと六〇ワットぐらいの明るさのものが消費電力一三ワットである。夜はもちろん昼間も点けている場所なので、それだけワット数が違うと、電気代はかなり安くなる。

夜の暗い廊下や寝室の床近くにあるコンセントに差しこんで使う、五〜一〇ワットのコンセントライトも、面白いものが売っている。こちらは千〜二千円ぐらいで買える。

年をとってきたら、家の中でも、暗がりを歩くことは絶対にやめた方がよい。昼間でも暗い廊下は、蛍光灯を一つ取りつけておくのもよい方法である。

特に、寝室と、そこからトイレに行く通路は、夜中に目が覚めて、起き上がる前から灯りがついている方がよい。それも明る過ぎるぐらい明るい状態がトイレまで続いていた方がよい。途中の段差もない方がよいが、そちらの方は工事がたいへんだと思ってためらう人でも、照明は、比較的簡単に取りつけることができる。

私の場合は、ベッドの枕もとに蛍光灯がついていて、数年前に夫が手もとスイッチを一つつけてくれたので、半分目が覚めた状態でも、手さぐりで点灯できる。相手を目覚めさせてはいけない、という配慮よりも、ころばないことが第一である。

どこのうちでも、意外に照明が暗い部分は階段ではないだろうか。長年住んでいるから慣れている、と思わないで、常夜灯を一つと、二階からも一階からも明るい照明をつけて、影ができないようにしたい。

最近は、センサーライトという、人が近づくと、それを感知して点灯するものが売っている。これを階段や暗い廊下などにつけておくと、いちいちスイッチを入れなくても安全であり、年寄りにはうってつけである。

私が見たのは、コードが三メートルついて、明るさも一〇〇ワットとか一五〇ワットで非常に明るく、点灯時間も八秒から十六分まで調節できる。それが四、五千円である。戸外で雨にぬれても安全なように作られているので、玄関の外や内側に取りつければ、安全だし、泥棒よけにも使える。

取りつけはねじ止めだけだから、大げさな工事をしなくても使えると思う。

年をとったら、このようなライトを使うことも考えるとともに、灯りに関しては、マメに消すのではなくて、マメに点けよう。

暗くなってから帰宅する予定のときは、玄関の外と内の灯りはつけて出るようにする。特に一人暮しの人は、若いときの倍は灯りをつけるつもりでいる方が、寂しさも緩和されるのではないかと思う。

手持ちの道具を見直そう

私のような年齢の人は、何十年か生活をしてきたなかで、すでにいろいろな道具を持っている。慣れた道具なら、手順などもわかっているから安心して使えるし、取り扱い説明書を見ることもない。だから、新しい道具に目を向けようとしない。けれども、その中には、もう使う必要のない道具もたくさんある。新しいものがすべてよいわけではないが、最近は、便利な道具や年をとった人に向いた道具もたくさん出てきている。私が買い替えて使っている道具の中にも、高齢になったからこそ、新しく買ってよかったというものがいくつかある。この項ではそれを紹介してみよう。

アイロン

何年か前までは、アイロンは重いほどしわが伸び、プレスがきく、と思われていた。

けれども現在では、それは間違いで、しわののび方は消費電力（ワット数）に比例することがわかってきた。一般にアイロンをかける時には、霧を吹いて布地をしめらせ、しわを広げるようにしてアイロンをかける。この時、ワット数が大きい、すなわち熱の供給量が大きければ水分が手早く蒸発し、それとともに、布地はしわがのびた状態ですばやく乾いてそのまま固定されるのである。

最近ではその理論に合わせて、昔よりワット数が大きくて軽いアイロンが売り出されている。私のように腰を痛めて、なるべく重いものを持たないようにしているものにとっては大助かりである。

前のアイロンはもう十年ぐらい使ってきたが、消費電力は一一〇〇ワット、アイロン本体は、水を入れずに一・三五キログラムであった。

腰のことも考え、新しいコードレス・アイロンを数年前から使い始めたのだが、アイロンの本体が八五〇グラムで、以前のものより五〇〇グラムも軽い。これまでの感覚で使ってみると、本当に軽い。

最初は、コードレスだとすぐ冷えてしまって、たびたびアイロン台に戻して熱くなるのを待たなくてはいけないのではないかと心配していたが、私が使っている間には、その必要はなかった。

その上、新しくついているショット機能がすっかり気に入ってしまった。これは、アイロン台を使わなくとも、服を掛けたまま蒸気を噴射させてしわを取る機能で、これを使えば、衣替えの時、取り出した服についている畳みじわを、ハンガーにかけたまま取ることができる。

たとえば、何着かの服を平らに積み重ねて納《しま》ってあると、背広の肩山のように立体的な部分には、どうしても変なつぶれたしわがついている。だがこのアイロンを使って広げながら蒸気をショットすると、あっさりとしわが取れた。

アイロンかけは疲れると思っている人は、買い替えてみたらどうだろうか。

ハンドクリーナー

これも、アイロンと同じで、形が大きければゴミが取れやすいというわけではない。

吸引力はワット数に比例するから、カタログを比べて、現在の自分が使いやすいと思うもの——たとえば軽いもの、ゴミの処理が簡単なもの、などの中からなるべく吸引力の強いものを選ぶようにしよう。

年をとると本格的な掃除はおっくうである。小型で、アイロンを少し細長くしたような形で、比較的軽いものであれば、坐ったまま、周りを掃除できる。そういうものを使えば、大げさに掃除せずに、気になるところを集中してきれいにできる。

吸引する口を細長く延長したり、さらにその先にノズルを付け替えたりできれば、細く狭いところや、引き出しの中まで、その掃除機が使えるわけである。

充電式というと、使う前に充電するなど、めんどうに思えるが、使うときにコードが付いていないという点では使いよいのではないだろうか。その上、このタイプなら、掃除機をいちいち収納せずに、専用の充電用コンセントを用意して、そこへつけたままにしておける。

ズボンプレッサー

最近のブラウスは、アイロンをかけなくても着られるものが多いが、ロングパンツ（ズボン）は、男性も女性も、ひざの部分が丸くなっていたり、しわになっていると、みすぼらしいものである。

わが家では、夫が勤めているときから、一度身につけたズボンは、ズボンプレッサーを使って必ずしわを伸ばし、前後の線をくっきりとつけるようにしてきた。だから、日常、家の中ではくズボンも、洗ったら必ずプレスするし、一度外出したら、プレスしてから納《しま》っている。年をとると、夏・冬とも、ズボンをはくことが多いので私のお勧めの道具である。

食器洗い機

これまでは、台所が狭くなるし、夫も私も元気だったので必要なかったが、だんだん、食器洗い乾燥機を置こうかと考え始めた。

年を重ね、一人または二人暮しであると、大げさな調理はしないし、たくさんの食器を使って人を招くことはない。その上、最近は週に四、五回、宅配の食事を頼み始めている。容器は使い捨てなので、皿も、ときには鍋さえも使わないですむ。そういうふうに、うちではもう家で皿を洗うことはほとんどない、という場合は必要ないだろうが、たとえ少量でも毎日皿を洗う場合、年寄りが洗うと、食器がなんとなく汚れがついたままになっているので気になることがある。

最近の食洗機は、たとえばガステーブルや電気ヒーター、魚焼きのロースターまで含めて、ゴトクやら焼き網、受け皿まで、食洗機に入れて洗えるようになってきている。

また、洗い上がりまでに使う水も節水になり、出来上がり時間も以前よりは早くなっているそうだ。

また、鍋をはじめ調理器具も、食洗機で使えると表示されているものも現われはじめた。

かがんで食器を洗うのがつらくなってきた、視力が弱って汚れがよく見えない、と思いはじめたお宅では、考えてみてもいいのではないだろうか。その場合、使う鍋やフライパンも食洗機で洗えるものを使った方がよいと思う。

便利な手編みタワシ

最近、一〇〇%アクリルの毛糸を使って、かぎ針編みで手作りしたタワシ（といっても毛糸の布のようなもの）が、中年の女性の人たちの間でちょっとしたブームになっている。

私にも友人が二つ作ってくれた。一つは台所用で、フックにかけるように小さなループを端に作ってくれたので、日常は流しの上に掛けてある。それを使えば、洗剤を使わなくても、たいていの汚れは落ちてしまう。タワシの方を見ると黒い汚れがついているが、水をかけて揉むと、汚れは簡単に落ちてきれいになる。

特によく落ちるのは、茶渋とか、ステンレスの流しの内側。流しのぬるぬるやざらつきが、そのタワシで二、三回こするだけで落ちる。私は特に肉やバターなどの脂分がついていないかぎり、食器もそのタワシで洗っている。

もう一つ、風呂場用に作ってくれた、指を四本通せるベルト付きのもの（これもアクリル毛糸で編んである）は、風呂から上がるとき、湯を落としながら浴槽の中や洗面器の中までそのタワシでこするだけで、ざらつく汚れがすべて落ちてしまう。使いやすいので、日によっては浴槽の外側や洗い場も、風呂の湯を使いながら洗い流してしまう。

このタワシを使って、洗剤をいっさい使わないのにきれいになるのは気分がよい。

▲アクリル毛糸でさえあれば、どんな編み方でもいい。好きな形に。

この汚れ落ちの秘密は、というと、アクリルの細い繊維が汚れをこすり落としているだけなのだそうだ。でも、アクリル製なので糸のケバのようなものは出ないし、この細い繊維は水を吸わないので、軽く洗って乾しておけば、そうとう長く使えるすぐれものである。

重曹の効用

パンなどを作るときに使ったことがあるかもしれないが、重曹は清涼飲料水の泡の発生にも使われており、人体に安全であることは分かっている。この重曹を、常備しておくとけっこう役に立つのである。

たとえば食器を洗うとき、特にとっくりや、細いびんの中を洗うときに、重曹を少し入れ、熱湯を入れて振り洗いすると、すっきりと洗える。台所のガス台回りも、これをつけてこすると、傷をつけずに、そうとうしつこい油汚れも落ちる。

また、スプーンやフォークなどの銀製品が黒くなり始めたとき、熱めの湯に重曹を少し入れて、銀製品がすっかり湯の中に入るようにしておく。そのまま二、三時間浸けておくと、また前のように光ってくる。これでいいと思ったら、乾いた布で拭いて、空気が流れにくく陽の当たらないところにしまっておく。

なべを焦げつかせたときも、重曹と水を入れて火にかけ、沸騰したらしばらくおいて、それからこすると、わりあいよく落ちる。また、塩と重曹を同量用意して熱湯をかけ、それをすぐに台所や風呂場の排水口に流し入れるとパイプ内の汚れが取れる、と新聞で読んだことがある。

重曹は体に害がないだけに、安心して汚れ落としなど幅広く使える。

3

いざという時、あわてないために

元気な間に、家の中を整理しよう

子供たちが結婚したり、社会人になって順に家を去っていって、急に寂しくなってきている人もいるだろう。子供たちの家族と二世帯で暮すとか、子供の方から移ってこないかと声をかけてくれて、同居を考えている人もいると思う。いずれにせよ、年をとってくると、これからの住み方が変わることが、間近に見えてくる。

子供たちと一緒に暮した一軒家や集合住宅から小ぢんまりした住居に移る場合はもちろん、どんな住み方になるにしても、まず家の中の物を整理しなくてはならない。もしも、ケア付きの老人ホームのようなところに移ることになれば、収納の場所は極端に少なくなる。

暮し方が変わり始めているのだから、元気な間に、捨てるもの、今後も使い続けるものを、自分の手で区分けした方がよい。

特に、子供たちが家を出たときに残したものでなんとなく処分しかねていたものが、かつての子供の部屋や、その押し入れにそのままになっているのではないだろうか。このへんで計画を立てて、順に整理をしてみよう。

たとえ、家を移る予定が今すぐになくても、元気な老年期をすっきりと物の少ない家に暮す方が、高齢者としておしゃれに見えるだろう。まして、急に自分の人生が終わったときに、「きれいに片づいていた」と言われたいとは、誰もが心の中で思っていることだ。

これまでの人生でも、家の中の整理を心掛けていた人は多いと思うが、ここへきて私自身、本当に心に決意して、そうとうに思いきって、整理を開始しなくては、と思っている。

たんすや引き出しなどの収納家具を、最初にいくつか処分するのもよい方法である。

小さな住居になれば、収納家具はもちろん、本棚・飾り戸棚なども、本当に一つか二つしか持って行けない。どうしても持っておきたいもの以外はまとめて寄付するか、古道具屋に引き取ってもらって、それから中に入っていたものを処分すると、決断がつきやすい。

たとえば着物。娘が家に遊びに来たときにでも、家にある着物を出しておいて、本人の希望を聞いて、とっておいてほしいものだけを預かる。それ以外は、自分がこれから着る可能性のあるものは別だが、できるだけ友人などにあげてしまおう。特に、外国の人などにあげると、喜ばれるかもしれない。

着物以外でも、いずれ子供たちにあげようと、自分だけの心づもりでとっておくのはやめよう。子供の希望を聞いて、興味を持ってくれないものは処分する方がよい。

洋服の収納場所は、小さい住居に移れば、一人に一つの洋服ダンスが持てればよい方である。それに、コートからスーツ、ワンピースやスカート・ズボン・ブラウスも一緒に掛けることになる。相当量をあきらめなくては整理できない。

流行は少しずつでも変わっているのだから、古い洋服をあれもこれもとっておこうと思わず、チャンスを見つけて寄付先に送るもよし、友人二、三人に来てもらって、彼女たちの意見で捨てた方がよいものを選んでもらい、その場で紐でしばってしまう。

私は今、一着のスーツにブラウス二枚を組み合わせてハンガーにかけてある。スカートやズボンについても、上に着るセーター、オーバーブラウスをセットにしてかける。

そして、春の終わりに、その冬、着なかったものは、処分することにした。処分する、整理するというのは、エネルギーも必要だし、疲れるし、つい、一日延ばしにしがちである。私も、なんとなく、真夏と真冬は整理する気にならない。だから、気候のよい春と秋に、それぞれ三か月計画ぐらいで予定を立てて、この一年間で、友人が感心するぐらいに片づけてみようと思っている。

思い出の整理について

ふとんや着るもの、食器などを整理するときの基準ははっきりしていて、ともかく量を減らして、本当に必要なものだけを選べばいいのだが、思い出に関連したものは、どうしても情緒的なこだわりがあって、思い切りよく整理がしにくい。だがそれも、しまったままにせず、一度見直してみると、また新しい生命がふきこまれたりするものだ。

写真

両親が亡くなってしばらくして、身近に自然な感じで写真を飾っておきたくなった。

亡くなった両親だけよりは、私や娘、孫たちの写真も含めて賑やかな方がいいと思ったので、十枚ぐらいを一緒に並べて立てられる写真立てを買ってきて、私の仕事部屋の本棚に飾った。これがなかなかよかったので、娘たち家族が外国に移ったときも、同じような写真立てを買ってきて、娘や孫の写真を入れてパソコンのある部屋に飾ってある。そうすればいつも見て楽しめて、アルバムにしまいこむよりはずっとよい。

それがわかって、娘たちの小さいときや、その頃親しくつきあっていた私たちの友人などの写真も、今度はパネルのような大きい額ぶちに何枚かを並べて、廊下の壁に掛けた。

このいくつかの写真立てや額ぶちなどは、それを見るたびに、私の気持ちを和ませてくれる。写真は、見て楽しまなければなにもならないのではと思う。

またこの数年は、孫が生まれたこともあって、フィルムを一本撮るたびに簡単なアルバムに整理してしまう。それをしまいこまないで、背表紙に年度とナンバーを書く。

それをリビングルームのテレビの横に並べてみた。そして友人が遊びに来たときに見せたり、ふとした折に開けて楽しんでいる。

それ以外に、押し入れにたくさん積んである、夫や私のそれぞれの祖父母、両親や兄弟、そして私たちの子供時代などの写真は、整理をして、二人の娘用にそれぞれ写真を選び、一冊ずつアルバムを作ってあげようと思っている。私たちが元気な間に、それを見せながら説明をしたり、私たちとの関係と名前を書いた紙（家族の系図）をそれぞれに張っておいてあげよう。

それとは別に、夫と私とそれぞれ一冊ずつ、自分の若いときの写真やら、友人と一緒のものなど、思い出につながる貴重なものだけを選んでアルバムを作るつもりである。

子供用二冊と私たち夫婦それぞれのための二冊。計四冊のアルバムを新しく買ってきて、それに入るだけを残して、あとのものは思いきって捨ててしまおう。

ここ数年、簡易アルバムに入れて立ててあるものも、本当に最後の小さな老人ホームの個室に入るときには、せいぜい一冊のアルバムにすることになるだろう。だがそれでも、写真の整理をすることが自分の人生をふりかえることにもなる。そして、ほんとうにとっておきたいものだけを手許に残したいと思うのである。

住所録

何十年か生きていれば、数年間お互いに連絡をしていなくても、心ではつながっている人もいるし、昔お世話になった人など、久しぶりに連絡して旧交を温めたいと思う人も何人かいるのではないかと思う。

その反面、定年を境に、これ以上つきあわない人もたくさんできてくるし、以前に近所に住んでいた程度の関係なのに、相手が印刷刷りの年賀状を送ってくるから、こちらもなんとなく返事を出しているだけの人もいる。

それで思い出すのだが、私の父が亡くなって半年ぐらいした頃、父の所属していた団体の会報で父の訃報を見て、と丁寧なお悔み状が届いた。だが、その書状にある名前は、私の記憶にはなかった。

けれども、その文面には、私の父を慕って下さっている気持ちがよく表われていて、父の死を連絡しなかったことを申しわけなく思った。そこで改めてその方に手紙を書き、私の知らない父の一面を見せていただいて、子供として本当にありがたかった、とお礼の気持ちをしたためた。

そのようなことが起こらないためにも、自分自身が元気な間に、何か所かに保存してある名簿を見直しておこう。時折、葉書を出したり電話をしあう相手を見やすい形で整理をしておけば、現在の自分にとっても、旧交を温めたいと思ったときに相手の住所がすぐに見つけられる。

夫と私は去年、いただいた年賀状や、いくつかある名簿をベースにして、パソコンを使って根本的に名簿を新しく作り直した。今年はそれを少しずつ手直しして、次に年賀状を書くまでに、抜けている人を補うとともに、今年は賀状を下さらなかった人も考慮に入れて、次の正月にはご挨拶を失礼させてもらう人にもしるしをつけておこうと思っている。

同窓会やかつての職場の名簿も、最近のものを一冊だけにして、その表紙に、自分の卒業年度と、特に親しい友人の名前を書いておいて、古いものは捨てた。

こうやって名簿を整理するとともに、私たちがいなくなったときに身内の者が困らないように、そういう時には誰にどういう形で知らせるかも、分かりやすく書きとめておくつもりである。

思い出の本

本は、その人によっていろいろな思い入れや必要がある。また、本屋に寄って、興味をそそられたものをその場で買う楽しみも捨てがたい。それはそれとして、この本だけは、どこに住むことになっても傍に置いておきたい、と思う本が誰にでもあるだろう。

家の中の整理が一段落したら、夫と私のそういう本だけを入れる、ちょっと楽しい本箱を買ってこようかと思っている。

あまり大きなものではなくて、その中に、夫の好きな詩集であるとか、私がある時期夢中になった作家の作品の中で特に忘れられないものなどを選んで並べよう。

最後の住まいはどんなところになるのかわからないが、どんなに小さなところでも、持って行けるようなものがいい。それはきっと私たちの心のよりどころになってくれると思うのである。

宝石やアクセサリー

宝石というほどのものを持っているわけではないが、このぐらいの年になると形見分けということを考える。

昔、父が海外出張の折に、私の誕生石の指輪を買ってきてくれたことがある。長女は私と同じ誕生月なので、それは長女へ。母が持っていた中国の特別の石だというピンクの指輪は次女へ。それ以外のものは、大部分、それほど高価ではない、捨てても惜しくないほどのものである。けれども、イタリアのパレルモに旅したとき買ったものや、イギリスの古い街で見つけたアンティークのもの、夫が南米に出張の折に買ってくれたブローチなど、私には思い出の品がいくつかある。
そこで考えたのだが、いわれのあるものは、簡単なイラストもつけて説明を紙に書き、それを宝石を入れた箱のふたの内側に留めておく。そしてどれを二人の娘と二人の孫にあげるか、それ以外の主なものも、どの友人に何をあげるか、そこに書いておくことにした。

私が亡くなった後、娘たちにあまり迷惑をかけてもかわいそうなので、私が今、使っていないものは、折を見て親しい友人に見てもらい、気に入ってくれれば使ってもらおう。

たとえば、重い金属や大きなガラス玉のネックレスはもう使わないし、派手過ぎるものも、私の好みでない色のものも、必要ない。

整理しながらアクセサリーを見るのは、女として楽しいものである。さまざまな思い出に心をめぐらせながら、元気で友人と会える間に整理をしてしまおう。

いざというときの箱を用意しよう

Dさんの二つの箱

「私たち夫婦は、広い家よりは、狭くても都心にすぐ出られるところに住んで、旅行をしたり、気ままに暮すことにしています」

そう話してくれたことのある、七十歳を過ぎたDさんを、デパートへ行った帰りに訪ねたことがある。

彼女のアパートは、小さなダイニングキッチンと、あとは六畳二間である。一間は夫の部屋、もう一つは彼女の部屋にして、境はふすまになっている。

通された彼女の部屋はきれいに片づいていて、一方にタンスが二棹《さお》並んでいる。その上に、背広一着が入る大きさの洋服箱がいくつか積んである。なにげなく見上げると、箱のふたの側面に彼女とご主人の名前がそれぞれ書いてあって、入院用・

葬儀用とある。その四つの箱は、その部屋に入れば誰でもすぐ目につくところにある。

「夫も私も、この年になると、いつどうなるかわからないでしょう？　夫が急に入院と言われたら、子供たちと一緒に暮しているわけではないのだから、私一人でおろおろするかもしれないし、まして、私の方がどうかなったときに夫一人では、何をどうしてよいか、本当に困ると思うの。でも、こうして箱の中に揃えておけば、駆けつけてくれた人、たとえ救急車で来た人でも分かるだろうと思ってこうしたの」と説明してくれた。

中身を見せてもらうことまでは頼まなかったが、彼女はかつて着付け教室の先生などをしていたこともあり、葬儀用の方には、白絹を使って夫と自分の経帷子《きょうかたびら》まで彼女の手で縫って入れてあると話してくれた。

「こうしておけば安心して、夫婦で好きなことができるのよ」

そのことば通り、こうした箱をつくることが家の中を片づけるきっかけになったのか、夫婦二人でこざっぱりと暮している。

それを見て私もおおいに感銘を受け、自分の家のことも真面目に考え始めた。

そこでまず、家にある洋服の箱を空にして四つ用意した。そして脇の見えやすいところに、夫と私の名前をそれぞれ書いて、入院用・葬儀用とした。今、それに何を入れるかを考えて、準備中である。

まず、レポート用紙を二枚用意して、とりあえず、思いつくままにメモをしてみた。それとともに、夫と一緒に、介護用品を扱う店やら、実用的な下着を売っている店に行って、下着や浴衣を買ってきたりしている。

こういうものを用意しなくては、と思っている人は多いと思うが、いま必要にかられていないだけに、なかなか取り組めないでいるのではないかと思う。

一、二週間のうちにとは言わないが、次のシーズンの前にとか、旅行に行く予定があるのなら、その前にこの箱を作り上げる、という目標を立てたらどうだろう。一一三頁～にわが家で作った二つの箱の中身を表にしたので、参考にしてほしい。

葬儀用の箱の中に入れておくものとして、私は、毎年会費を払っているような所属グループやさまざまな会、ずっと雑誌・本などを送って下さっている所などのリストと連絡先の表を作った。

これは、この本を書くにあたって思いついたことの一つである。こうした方々には私が死んだときに知らせてもらうようにあらかじめ指示しておいた方が、私の後始末をする人にとっても、会の世話人に対しても、結局は迷惑が少なくてすむ。そうすることが、お世話になったいろいろな会の人たちへの礼儀でもあるだろう。

こうした箱を作ることは、自分のためでもあるが、世話をする人や残った子供に負担をかけないためにも大切なことではないだろうか。

だいたい中身が揃ったら、娘が訪ねてきたときに見せて、説明をしたり、相談にものってもらうつもりでいる。

緊急持ち出し用リュック

こうした箱を作るついでに、地震の時などに持ち出す、緊急持ち出し用のリュックも作ってしまおう。こちらに入れるのはなにも新しいものでなく、整理の途中で目についたものでかまわない。古い下着、くつ下類でいいのである。これらを、自分で持って出られるぐらいの、昔使ったリュックの中に詰めておく。これも参考にリストをあげておいたが、この通りでなくとも、自分で作ったリストに従って順に袋の中に入れ、リストにしるしをつけていく。

たとえば古い眼鏡などは、どうせ使っていないのだから、すぐに入れられる。

入院用とは内容が違うので、この機会に自分なりの考えで作っておくことを勧めたい。

いざというときの用意（夫と妻とそれぞれに）

1．入院用（入れるものはできるだけ新しいものを。それぞれに名前を書く。）
前あきの寝間着（ゆかた）　2組
パジャマ　1組
ガウン（病院の中で着られるもの）　1枚
下着：前あきシャツ　3枚　パンツ　3枚
　Tシャツ型　2枚　ソックス　2足
タオル：大（ガーゼの浴用）、中（洗顔用）、小（ハンカチ大）を各1枚ずつ
（箱に余裕があれば2組）
スリッパ代わりになる靴（夏のサンダル風。滑りにくく、脱いだりはいたりが楽なもの）
スリッパ
ティッシュペーパーとウエットティッシュの小さな箱
ガーゼのハンカチーフ　3枚

最小限の化粧品（化粧ポーチに入れて）：
　鏡つきのコンパクト、薄色のリップクリーム、乳液、化粧水、クリーム、ヘアブラシ、カット綿、爪切り、小さなはさみ、毛抜き。
箸、スプーン、フォーク（それぞれ簡単なケースに入れて）、湯のみ。
歯ブラシなど口内洗浄の道具
小さな袋：枕の下に入れられるもの（布製15×10センチ　ジッパーつき、ひもつき）
　＊　最小限の品物を入れて身近に常に持っていられるように。その中に、小さな手帳（友人、子供たちの電話番号を書いて）と筆記具、小さな軽い財布に少額のお金を入れておく。とくに10円玉を多めに。テレフォンカード。
※前もって箱に入れておけず、そのときに用意しなければいけないもののリストを紙に書いて透明プラスチックケースに入れておく。
保険証、日常飲んでいる薬、イヤホンつきラジオ、財布、ミネラルウォーターの小さなボトル、小さなコップ。

2. 葬儀用

この箱のふたを開けた人へのお願いの手紙。

死後の眼球提供・臓器提供・献体などを登録している場合は、提供先の電話番号。できるだけ早く、提供先へ連絡してもらえるよう、メモを入れておく。

葬儀のときに掛けてほしい服の指定と、その置いてある場所。

葬儀に使う写真。

葬儀のときに知らせる身内・友人のリストと電話番号。

遺言のコピー（葬儀の方法も含めて）。

残った品物の処置リスト。

会費などを納めていたり、定期的に本などを送ってくれる所のリスト。

二人の娘への手紙。

特に親しい友人への手紙。

お棺に一緒に入れてほしいもの（場合によってはそのリスト）。

　私の場合は、
①家族の写真　②大好きな友人が以前にくれた手紙やカード。

この二つは別のところに用意しておいて、その場所を書いておく。

3・緊急持ち出し用（夫と共用）

若いころ使っていた、家にあるリュックサックのうち、比較的軽いものの中に入れておく。

財布に当座用現金（特に小銭）、名前と住所を書いたもの、テレフォンカード。

タオル　大中小2枚ずつ（とくに新品でなくてよい）。

ビニールシート2枚（地面に敷いて坐る、雨よけなど）。

ろうそく、懐中電灯、携帯ラジオ、電池、マッチ2箱。

はさみ、ナイフ、調理用のプチナイフ。

古いものでも肌着2〜3組、軍手、帽子。

厚手のセーター、ズボン（夫と妻それぞれに）。長袖ブラウス（または長袖シャツ）。

折り畳めるレインコート。

※以下は、別のバッグか箱に入れて、手で提げやすいように。

レトルトのごはん、ティーバッグ、プラスチックのコップ2つ。

飲み水のボトル1本（小）、小さな魔法ビン。

弁当箱にもなるプラスチックのふたつきケース、その中に保存食、携帯食品、甘いもの（あめ、チョコレート）。

常用の薬2日分。

缶詰（フルーツ、おしるこなど）。小さな缶切りも。

紐、安全ピン（サイズを変えて）、バンドエイド、少量の薬、三角巾になるスカーフ、消毒用アルコール。

ティッシュ（ウエットのものとドライのもの）、マスク2つ、使わなくなった眼鏡。

気楽に読める文庫本2冊。
※スリッパ、靴（少々古くても可）、厚手のソックス2足は別の袋に入れ、簡単に取り出せるようにリュックの肩ひもに結びつけておく。
※古い毛布をしっかりと丸め、大きめのビニールシートで包み、紐でしばって、可能なら一緒に持ち出せるようにしておく。

死ぬ前に書き残すこと

私自身のことをまず書くと、遺言を書いておかなくてはと思いながら、まだ何も用意をしていない。

だが、これから年をとっていく過程で、病気や事故のため、急に自分の意思を伝えられなくなることが起こる。そういうとき、自分は生命維持装置を取り付けられて生き長らえるのはいやだと考えていても、それを文書の形で具体的に書き残しておかなくては希望する通りにはならないと聞いて、やはり、気になっていることはなんらかの形で書き残しておかなくては、と思った。

数年前、井上治代さんという人が、遺言を書く時の心がまえ、細々とした注意と、実際に遺言を書き込めるようになったノートをセットにして、『遺言ノート』として出版した（現在は改訂版。推薦図書＊14）。そこには女性ならではの細やかな配慮が感じられるが、個々に状況が違うと思うので、それをそのまま使うのは、必ずしも勧められない。

数年前の毎日新聞に、この井上さんが、書こうと思いながらも遺言を書けない人のために、非常によいアドバイスを書いていらっしゃった。

そこには、「遺言ノートは一冊でなくてもよい」とか「四十代・五十代のミニ自分史になってもよい」とか、「ふと思いついたとき、メモを書いて、それを保存しておいて……」などと記されていた。

それを読んで私も、ともかく今日から、どんな簡単なことでもスタートしようと思った。

メモはメモとして書きためるつもりだが、もう七十歳をすぎた私は、前にも書いたように私の意思に反して生き長らえさせられるのだけはいやなので、そうされないために、最小限でも書いたものを残しておきたい、と考えた。

その頃、義兄がそのつれあいとともに、日本尊厳死協会（電話：03-3818-6563）に入会したと聞いて、パンフレットをもらったが、そうした組織に入会するのも一つの方法である。

私の場合は夫と話をして、ともかく希望を紙に書き、それをコピーして、自分の手で署名・捺印し、現住所・生年月日、そして書いた日付けを入れて、一つは娘に、一つは誰でも身内の者が開けてみると思われる引き出しに入れておくことにした。

要点を箇条書に書いてみると、

私のリビングウィル

今、私は肉体的にも精神的にも健常な状態でこれを書き残します。私が非常に重い病気、またはひどい傷害を負って、その時点で自分の意思を伝えられない状態になったとき、どうぞ、私の家族や治療をして下さる方、以下に書きました①②③の希望に従って下さるようにお願いいたします。

①私がけがをしたり、病気になって、不治の状態となったとき、死期を引き延ばすためだけの治療や措置はやめて下さい。

②また、痛みや苦しみを和らげるための麻薬など、楽になる薬は、たとえそのために死期が早くなるものであっても投与して下さるようお願いします。

③何かの理由で植物状態になって二週間を超えたら、一切の延命治療をやめ、

生命維持装置ははずして、自然の状態にして下さい。二週間以内でも、回復の見込みがない場合には、できるだけ早く、生命維持装置ははずしてください。

だが、一般には、遺言といえば財産に関してのものであろう。そうした、財産に関する遺言書については、その人の家族構成や立場・状況によってさまざまな問題が考えられるので、法律に詳しい、信用できる人に相談して、安心できる方法に従って用意した方がよい。

また、自分が死んだ後の臓器提供を考えるのは立派なことだと思うが、そこまではなかなか決断できない人でも、目の角膜を提供してもよいと思う人は多いのではないだろうか。

参考までに、そこの電話番号を書いておく。

日本眼球銀行協会（電話：03-3293-6616）

ここに電話すると、各地区のアイバンクを紹介され、そこに手紙で手続きをすればよい。

死んだ後できるだけ早く連絡をとる、とか、提供の意志を示すカードを常に携帯するなど、いささかめんどうなことはあっても、これまで見えなかった人が見えるようになるのなら、と思う人は、電話をしてみたらと思う。

それ以外の遺言として残すものは、あえて言うとしたら、自分がこの世から去っていくに際して、これまでお世話になった多くの人たちへのお礼の言葉であろう。また、葬儀のやり方を、残った家族に頼むこともある。これはできれば日頃から希望を伝えて、世話をしてくれるであろう子供や兄弟に納得してもらった上で、具体的に書いておけば、後に残った人もやりやすい。ただ散骨してほしいとだけ書いてあっても、具体性がないと、葬儀などをする人が困ってしまうだろう。友人と話し合ったり、区役所などの地域の自治体で、葬儀についての相談にのってくれるところに行ってみて、具体的に役所としての対応その他を聞いておくのもよい。

私は東京の世田谷区に住んでいるが、毎月配られる区報に「区民葬儀券」の記事が出ていたので電話してみた。

これは在宅サービス部管理課（電話：03-5432-1111［代表］）で扱っていて、電話をするとすぐに、「区民葬儀のご案内」と、この券が使える区内の葬儀取扱指定店の名前と電話番号のリストを送ってくれた。

そこでさっそく、その中の葬儀社の一つに電話をして、私が現在疑問に思っていることを聞いてみた。答は以下の通りである。

①何も起こっていないときでも、予約ではなくて、相談にのってくれる。
②現在は宗教や宗派もさまざまであるし、宗教なしの葬儀も受けつけてくれる。
③散骨もやってもらえるし、そのために焼いて骨になったものを砕いてほしいという要望にも応えてくれる。
④遺体に着せるものは、最終的に燃えるものなら、背広でも和服でもなんでもよいが、金属製などの燃えないボタン、金具などは、あらかじめ取り除いておく。

私は、近いうちにその葬儀社に立ち寄って、細かな相談もしておこうと思っている。

普通の葬式をし、遺骨を自分の宗教にのっとって墓に入れるつもりの人は、その時になってからでもあまり問題はないと思うが、無宗教や、本当の少数の身内だけの密葬にして、落ち着いてからどこか食事のできるところで友人や関係者が集まって、葬儀らしくなく、どちらかというと明るい雰囲気でお別れ会をしてもらいたい、と思っている人は、事前によく考えて用意をしておいた方がよいと思う。

また、葬儀用の写真は生前自分で決めて用意をしておきたいという人が増えてきている。

しばらく前、コニカが実施した葬儀用写真についてのアンケートの結果を読んだが、二十代から五十代のサラリーマン・OL、二百二十三人の集計によると、女性の六八%は、「自分で選んでおく」であったそうだ。また「服装はまったくこだわらない」「笑顔の写真を使う」が半分以上であった。

七十歳を越えた私は、この頃撮った写真の中で気に入ったものを、しかるべき大きさに伸ばして、額に入れて用意しておこうと思っている。

ちょっと整理に一工夫

年をとってくると、細々したものの整理が行き届かなくなったり、また、若い頃とは使い方も変わってきたりする。ここでは、そういうものの整理について書いてみよう。

裁縫箱

私は比較的縫い物が好きな方だったので、今でも孫のために人形の服を縫うことがある。だからつい、夫にはボタンつけ一つ自分でしてもらわずにきてしまった。だが今後、私がしてあげられない状況になったとき、そのたびに友人に頼むわけにもいかない。夫と話し合ってみると、糸通しの道具さえあるのなら、私に習って練習すると言う。

そこで、これまでたくさん持っていた裁縫道具やボタン、スナップ類も含めて、大整理をすることにした。その際、夫だけになったとき必要な、最小限の道具を入れた小型の箱と、今の私が使う中型の箱の二つにした。

実は整理してみると、ボタンだけで大きな箱一つ分あったのだが、もう使う可能性は少ない。ベーシックなものだけを残して、思いきって大量処分した。

参考に、夫用の小型の裁縫箱の中身を書き出してみよう。

・針山。
・針の頭に溝がついていて、そこに糸を押しつければ簡単に糸が針穴に入るようになっている針三本。あるいは簡単な糸通しと針、待ち針三本。
・木綿の三十番の糸。黒・白・茶を、少しずつ巻いてあるもの。
・はさみ。巻尺。
・スナップ：大・中、六個ずつ。鉤ホック：黒と銀色。ワイシャツ用ボタン十個。パジャマ用の中ぐらいの四つ穴ボタン六個。同じく四つ穴の黒っぽいボタン四個（替え上衣やズボンについているもの）。
・ゴム紐、幅一センチぐらいのもの。二～三メートル。

この箱は、いずれ私も最小限しか縫い物をしなくなったときに使うので、気がついたときにボタンなどを補充しておきたいと思っている。

救急箱

どこの家でも必ずあるものだと思うが、本当にいざというとき、必要なものが入っているかどうかは心もとない。私のような高齢者は、大昔の木箱など、箱だけでも重いものを使っている場合が多い。その上、中に入っている薬類には、何年も前のものも混ざっている。

私は、年をとってからは、市販のかぜ薬はほとんど飲まない。漢方薬のようなものを軽い睡眠薬がわりに熱湯でとかして、寝る間際に飲む。胃腸薬も含めて、薬類は、信頼している医者に行って、その症状に合わせて薬をもらうようにしている。

それを考えると、入っている薬の大半はいらないのではないか。今回、この項を書くにあたって、その古い木箱は捨てることにした。第一、その木箱は私には重すぎる。

新しい救急箱を用意するための第一ステップとして、古新聞を広げ、箱の中のものを全部出してみた。そして、ともかく古いものはこの際、捨てた。以下に、私が揃えたものを書き出してみる。あなたの家のものと比べてみてほしい。

［薬類］

・浣腸：いちじく形の小児用を二個。
・胃散
・整腸剤（私の場合は昔からの正露丸である。ただし、飲む量は減らしている）
・かぜ薬
・解熱・鎮痛剤：アスピリン（用意はしているが、この何年か使ったことはない。ピリン系なので医者に聞いた方がよい）
・消毒薬：消毒用アルコール。オキシフルは、必ず一年に一回は新しくする。
・虫さされ用アンモニア水
・軟膏類はできるだけ、必要なときに医者に処方してもらう方がよい。
・腰痛などのための湿布薬や痛み止めも医者に頼んでもらっておく。
・目薬。これも私はなるべく使わず、目にごみなどが入ったときは洗眼器具を持って洗うようにしている。なるべく強力でないものを持つのはよいが、花粉症などアレルギーなどでかゆみのある場合は、医者と相談する。目薬は冷蔵庫で保存する。

［器具］

・体温計：私はデジタルのものを使っているが、ガラス製で水銀が入っているものは、万一割った時に危いからやめる。最近は、短時間で測れる、耳の穴に入れて使うものもある。

・ピンセット

・はさみ：ステンレス製で清潔にできるもの。

・救急箱に入るものではないが、アイスノンか氷枕。湯たんぽ、あるいは電気あんかや揉んで使うホットパッドなど。

・その他の消耗品

包帯（大・小、手袋状のもの、包帯止め）

ばんそうこう（消毒を兼ねたもの、水に入れてもぬれないものなど、いろいろある）

三角巾（腕を吊り下げたり、頭をけがしたときに使う）

バンドエイド・綿棒・脱脂綿・滅菌ガーゼ・眼帯・マスク

箱に入れたものは、リストを作り、箱の上の方に置いておく。そして、中をチェックする予定の年月を書いて、その下に、実際にチェックして捨てたもの、補充したものも書きこめるような欄を作っておく。

人によって揃えるものはいろいろだと思うが、取り出しやすく、誰でもわかる場所に置くことが大切である。また、清潔を保て、日光が当たらない、なるべく涼しいところへ置くようにする。

できれば、かかりつけの病院と医者の名前、電話番号の表も入れ、保険証や診察券をまとめて箱に入れてあるとよい。こうしておくと、いざという時、誰かが病院に連れて行ってくれるときに役に立つ。

文房具類

年をとると物忘れしやすくなる。各種の連絡に必要な書類やレター用品、いろいろな情報などもわかりやすく整理しておきたい。

［レター用品］

わが家は、夫も私も手紙をよく書くので、現在のところは、居間の電話の下の大きな引き出しを二つ使って、一つには、便箋・封筒・切手類・葉書・慶弔用封筒まで入っている。もう一つの引き出しには、住所録・ファックス用紙、いくつかのサイズの茶封筒も入っている。

［ペン立てとメモ用紙］

電話の横はもちろん、テレビの近く、寝室の枕もと、玄関などにも、ボールペン・鉛筆・フェルトペンなどを整備しておき（書けるかどうか必ず確認しておく）、まめにメモをとるようにする。メモ用紙もそばに置いておく。貼ってはがせる付箋紙などをメモ用紙がわりに使うのも便利である。

［ファイル］

本箱の中に入れるか、別に置く場所を作って、Ａ４の紙がはさめるファイルを、色を変えて買ってくる。

そこにたとえば、電気製品のカタログ、保存しておきたい書類や、毎月送ってくる二、三枚ぐらいのニュースレターなどを入れてみる。作ってみると便利なので、すぐに数冊になる。

他に、同窓会のお知らせ、お稽古事や参加している会が発行しているニュースなど、とりあえずなくなってほしくないものをはさんでおく。新聞・雑誌からの必要な情報を切りぬいてはさんでおくのもよい。

こうしておいて、背表紙に分類を書いて並べておく。

停電時の灯り

ともかく年寄りは、ころぶのがいちばん恐い。懐中電灯を、玄関口・寝室・居間それぞれに分かるところに掛けておく。

それとは別にろうそくも、それを立てる皿（最近はパーティ用などで、安全なコップスタイルのものがある）とともに、暗がりでも出せるところに用意する。

毎月の行事予定カレンダーのすすめ

毎日の予定を忘れないようにするには、どういうカレンダーを使うとよいだろうか？

私は、毎日の欄に書きこみができる、三八センチ×四二センチの月めくりカレンダーを使っている。

毎年同じものを使うのだが、暮れに新しいものを用意するとき、十二月の次の頁に、子供たちの自宅と職場の電話番号と住所、とっさのとき必要な、かかりつけの病院や医者の連絡先の表を張る。そして、前の年のカレンダーを捨てる前に、親しい人の誕生日と命日を確認して引き写す。

あとは、夫の予定はKi、私の予定はKa、という記号を入れたり、青と赤に色分けして書く。仮決めの予定は、鉛筆で書き入れている。

もちろん、書き入れるだけでなく、できるだけ事前に相手の都合を聞きながら予定を決め、その日が近づくと、お互いに何度か確認している。

こうしておくと、親しい友人の誕生日も忘れないので、誕生日には、一週間ぐらい前にカードを用意して送ったりする。これは、年をとった友人には特に喜んでもらえる。

これに加えて、このところ、家の中の整理や道具類の手入れ、点検で気になることが何度かあったので、年間の予定を書きこむことにした。

まず、家の中で、一年に一度は整理した方がよいものを毎月に割りふって、年間の予定表を作り（一三八～一三九頁表）、コピーして二枚にした。そして一枚はカレンダーの最後に張り、もう一枚は、月ごとに切って各月の頁の右脇に張った。こうすることで仕事を確実に片づけるとともに、年齢にふさわしく物を減らすのも、そのときに思いきってしたいと思っている。カレンダーの各項目の説明をすると、

1月　親から譲られたものや、自分で買った重箱・お取り皿なども、そろそろ子供たちに譲ることを考える。名簿、友人知人の住所録の整理もこの月に。

2月　冷凍冷蔵庫は、一年中休みなしに働いているので、思わぬところに氷がつい

て、冷凍能力が落ちたり、故障を起こす原因を作っていることがある。そうでなくても、なんとなく保存して、一年以上も入れてあるものもよくある。冬だと冷凍冷蔵庫なしでも暮らせる。中の食品類を出して電源を切り、一日か二日、扉を開けたままにして、機械の中についた氷を完全にとる。その間に中を掃除し、重曹を使って、内部の除菌もする。

3月 化粧品のなかには、なんとなく使い残したり、買ったのに使わないで何年も置いてあるものもある。口紅なども、もう、赤々としたものは使わない。化粧水も、一年をすぎたものは捨てる。壁に掛けてある絵や写真を入れ替える。

4月 冬物セーター類など、丁寧に見ると破れがあったり、しみ、汚れがあるものも見つかる。また、この冬、一度も着なかったものや、太ったり、背が縮んだり、サイズ的に着られなくなったものも思い切って処分する。クリーニングに出しても、ウールものは風合いが悪くなってくる。思い切って数を減らす。

5月 缶詰・乾物・調味料の買い置き品で、一年は経っていると思われるものは捨てる。忘れかけているものを積極的に使う。調味料・スパイスも、使いかけて一年以上冷蔵庫にあるものは捨てる。

洗剤・ヘアケア用品も、何年ももつわけではない。サービス品やなんとなく置いたままのものも、この際整理する。

6月　スカーフも、色を組み合わせるとはいえ、やたらとたくさんはいらない。使いやすいように数を減らして、すぐに選べるようにする。

救急箱の整理、オキシフルなど、大部分のものは年に一回入れ替える。

7月　ハンドバッグは、納っておくだけで使わないなら無駄である。冬から春に向かって使ったものを手入れしながら、一年使わなかったものは捨てる。夏物も、出してみて、色が変わっていたりして使うつもりがなければ処分する。

なんとなくとってある紙袋の整理。トイレット・ペーパー、キッチン・ペーパーなど、紙類はやたらとたくさん買い置きしない。

いざというときのための三つの箱の中身をチェックする。肌着、パジャマ類は一度洗う。食品は取り替え。

8月　和服は虫干し。着る予定のないものは早めに処分。靴下は、新品で色・柄が気に入っているものだけ残す。ほとんど捨てるつもりで整理。

9月　木綿ものは洗い続けると、破れていなくても汗の吸収が悪く、着心地も悪くなる。特に柄物は、木綿の場合、次の年まで置くとますます冴えなくなる。木綿の肌着は、たとえ破けていなくても、基本的には捨てることにして、汚れふきなどに使う。

電気器具も、扇風機の埃《ほこり》をおとし、冷房機のフィルターを洗ったり、拭いたり、その他の家の中の電気製品もチェックする。

10月 夏から秋口までの洋服類は、化繊もので着心地が悪くて着なかったもの、逆に、よく着て、汗ですれたりして傷んだものも思い切って捨てる。夏ふとんも、できるだけ枚数を減らす。冬のふとんの用意。

11月 お正月が近づく。若い頃は、新しい食器を買ったものである。師走は忙しくなるので、今のうちに食器を見直し、上等なものは、子供たちにいずれ譲るかどうか相談してみる。何年も使った食器、使わない調理器具などは整理して、新しい皿か小鉢を一種類でも買ってみよう。気分が新鮮になる。

包丁も、軽くて使いやすいものを。今使っているものも、久しぶりに研ぐ。

12月 年に一回、洗顔タオル、浴用タオル、足拭きマット、トイレのタオルも新しいものを買う。年寄りというと使い古しのタオルを大切にするイメージがあるが、この際、破れていないからという理由で納ってある古いタオルは掃除用にする。

その他に、次のようなものも、月ごとに整理する範囲を決めるとよい。

毎月の行事予定一覧表

1月	正月の後始末。もらった年賀状を使って名簿整理。
2月	冷凍冷蔵庫を全部空けて。写真の整理。雛を出す。机(文房具類、レター用品、慶弔用封筒の引き出し)の整理。
3月	化粧品の整理。掛けてある絵の取り替え。整理ダンスA。
4月	冬物の始末と処分。靴、スリッパの夏冬の入れ替えと整理。整理ダンスB。夫のために五月の節句風の人形を出す。
5月	缶詰、乾物などの食品戸棚や食品貯蔵の場所の整理。調味料の整理。洗面所、洗剤、ヘアケア用品の整理。
6月	薬の整理。歯ブラシ取り替え。雑誌の整理。スカーフの洗濯と整理。本棚の整理A。

7月	紙袋など、紙類の整理。ハンドバッグの整理。本棚の整理B。いざというときのための箱の中身の整理・取り替え。
8月	和服、ウールもののチェック。靴下類の整理。
9月	クーラーなど、電気器具の掃除、収納。ねまき、下着の整理。
10月	夏、着なかったもの、布団の整理。
11月	食器、調理器具の整理。長くできなかった換気扇の掃除も。包丁の手入れ。
12月	葬式、遺言等を考える。子どもたちにゆずる食器をチェック。正月の用意。タオルを新しく。

［本棚］

家にある本棚を月に割りあて、その本棚の本を全部棚から下ろし、掃除する。そのとき、古い辞書、保存する必要のない本は極力捨てる。最近は電子辞書も売っている。ビデオテープより小さな大きさの中に十数冊分が入る。できれば本を減らし、できた空間に人形や置きものを飾る。

［整理ダンス］

昔からのままの分類で入れてある場合が多い。これも月に割り当てて、本当に使っているもの以外は極力捨てて、他のところに置いてあるものを入れ、雑貨類の収納は整理ダンスだけですむようにする。引き出しの表に品名を書いて張る。

以上、年をとったら時間はあるのだから、いろいろなものを整理し、必要なものが必要な時にすぐ出るようにしてすっきりと暮したいものである。

4 生きることは食べること

食事の用意が自分でできなくなってきたときに

キッチンに立って一人で調理することが少しずつ難しくなってきて、けれども自分の家で生活をしたいとき、どんな方法があるだろうか。

私の場合は、ひどい腰痛で台所に立てなかった三か月ぐらいの間も、夫が家事をやってくれたし、また、友人や近所の人の助けに甘えて、なんとか健康的な三食をたべることができた。けれど、この先いつまでも他人頼みというわけにはいかない。

少しずつ治り始めたとき、治ったといっても、これからは長時間は台所に立てない状況になる、そんななかでどのようにしていくかを考え、ここ数年、実際に試したり、調べてみたりした。今のところ、次のような選択肢があると思う。

(1)買い物を誰かにしてもらって調理は自分でする

足腰が弱ってくると、まず問題になるのは買い物である。簡単な調理なら自分でできるけれど、遠い道のりを歩いたり、重い物を持ったりすることが苦痛だ、ということなら、保存食品や調理が簡単にすむ半完成品を上手に利用して、数日に一度、買い物だけを誰かに頼んだり、店に注文して直接家に届けてもらうこともできる。

コンビニのam. pm. などでは、電話やファックスで注文を受けて、品物を直接家に届けてくれる御用聞きのようなサービスをやっているし、最近は、生協や、ポランの広場や、らでぃっしゅぼーや、大地を守る会など、登録して組合員や会員になれば、週一回、野菜・肉・魚介類・調味料なども含めて、有機・低農薬野菜のような公害の少ない食材を宅配してくれるところもあると聞く。

スーパーマーケットも、一回三千円以上なら配達料はとらないところも多い。その上、スーパーでも、その店独自に、六百〜千円ぐらいの幕の内風お弁当などもあるし、三百円前後で、一人前か二人前ぐらいの量の煮物やおひたし、焼き魚、天ぷら類も置いている。そうしたものを、野菜や果物、調味料などと組み合わせれば、三千円ぐらいにまとめられるので、数日に一回、そうやって注文すると変化がつく。

では、そうやって家に品物を届けてもらって、食材をある程度保存しておく場合、冷凍食品やレトルトや缶詰、インスタント食品類を、どう揃えておけばよいのだろう。

最近の冷凍食品の種類は、昔のすべて手作りの時代からみると、目を見張るものがある。

まず、素材類の例を挙げると、たとえばシーフードミックスという食品がある。これは、あさりのむき身、いかの角切り、えびなども入っていて、スパゲティ、チャーハンの具などに使いやすい。

お煮しめの材料、たとえば人参、ごぼう、はす、里いも、さやいんげんなどが入っていて、だしで短時間煮ればすぐにたべられるものも売っている。

この二つの例に限らず、何種類かの素材を、味をつけずに半調理してあるものは、好きな量だけ使えるし、材料の下ごしらえをしなくてすむので、重宝である。

一方、調理済みのもの、たとえば焼きおにぎり、まぜごはんのおにぎり、チャーハンなども、電子レンジに入れればすぐに食べられる。私の場合、夫と二人分を用意するが、肉好きの夫のためには、豚の一口ひれかつ、一口コロッケ、えびしゅうまいなどを愛用している。油で揚げたりしないですむし、少しだけ添えたいときに手軽に使える。

単品の素材も、本当に種類が増えた。野菜類も、ブロッコリーやアスパラ、木の子類、ほうれん草をゆでたもの（これは一握りずつ小分けになっていて使いやすい）、等々。元気な間に、一度試しておくことを勧める。

冷凍食品のよい点は、保存料がほとんど入っておらず、好きな量だけとりだして使える点である。

その他、高齢者に必要な牛乳も、冷蔵庫に入れなくてすむロングライフミルク（一か月保存可能）や、粉末のスキムミルクも売っている。好みもあるが、牛乳を切らしてしまったら、チーズを食べて補うこともできる。

みそ汁、すまし汁は、インスタントでも、わかめやフリーズドライの菜類がたくさん入っていて、味もまあまあである。風邪をひいていて調理ができないときなど、助かる。

私はあまり好きではないが、非常用も考えて、レトルト食品を置くことも考えてみた方がよい。白いごはん、カレーなどは有名だし、まぜごはんの素などもいろいろ売っている。

缶詰は昔からあるものだが、買い物に行けないときに、ということを頭に置いて、どんなものがあるのか、今から店の棚を見ておこう。

私の場合は、腰痛があり、また、その周辺の筋肉が弱くなっているので、キッチンに立つ時間を極端に短くして、刻みもの、野菜の皮むき程度は、食卓に運んでやるようにしているが、これが、手も不自由になって片手しか使えない、となると、調理用の自助具が必要になってくるし、食事のときのフォーク、スプーンも、それに対応するものが必要になってくる。

これも、最近は種類も増えているので、ケアマネジャーや、リハビリの専門病院でもアドバイスしてもらえる。もちろん、福祉器具（ユニバーサルデザインと呼ばれる商品）を扱う、展示場、デパートの専門コーナーでも売られている。私も、落ちたものをかがまないで拾えるトング（昔の火ばさみのようなもの）を探している。

道具を上手に使って、できるだけ自分で調理をし、誰かの助けがなくてすむ間は、少しでもくふうしてやっていきたい。

(2)調理も難しくなってきた場合

地域の社会福祉協議会などに相談して、老人給食をもらうのも一つの方法である。公的なものは、衛生面・料金面については納得できるものが多いと思うが、一日一食だったり、土・日はない場合が多いようだ。

私の住む世田谷区では、七十歳以上で一人暮しだったり高齢者のみの世帯には、日曜・休日を除いて、一日一食、夕食分を、一食あたり利用者負担四百円で配達してくれる。ただし、これは食事づくりが困難な人に限られている。

その他、六十五歳以上の一人暮しの人のために、人との交流を兼ねて、月一回から週一回の食事宅配で、利用者負担一食あたり三百円、というサービスもあるそうだ。

大きな都市では、公的施設ではなく業者がやっている給食宅配サービスもでき始めている。

最近わが家に配られた配食サービスの専門の店のチラシを見ると、一か月分のメニューが載っており、それぞれ塩分・カロリーも計算されている。健康な高齢者用や腎臓透析をしている人のためのメニューを別に用意している会社もあり、いずれも一日三食分をまとめて、夕食前に配ってくれるらしい。毎日頼まなくとも、一か月に七日以上なら受けつけてくれ、キャンセルや注文は五日前までに、とある。食品は密閉型パッケージに入れて配達されるそうだ。

お試しのコース（有料）があるので、二、三回試してから、配達方法や対応が気に入れば、一か月全部でなくても、時折注文して、そういう食事に慣れておくのも悪くない。

私の場合、東京都区内に住んでいるが、コンビニの一つ、セブンイレブンが、食事の宅配をはじめた。二〇〇三年の暮れから試してみているが、材料も味も、健康な高齢者にも向いている。主菜、副菜も日替わりで、あらかじめメニューのパンフレットが配られ、カロリーも表示されているし、組み合わせもよく、ご飯を別にして一食六百八十三円（税別）とは思えない良質のものである。

こうしたものを利用するにあたっては、経済的な問題とともに、栄養面や好みの問題もあるので、自分に合った方法を常に試してみながら、少しでも自立して暮していきたいものである。

調理を安全に続けるために

高齢になってくるにつれ、調理の火を消し忘れるということが起こってくる。その結果、自分でも自信がもてなくなり、一緒に住んでいる人からも、「火を使う料理はしないで」と言われて、味噌汁一つ温め直すことができなくなってしまうことになるのは悲しい。

東京ガスの都市生活研究所が出した、都市生活レポートNo.41「調理を楽しんで『ぼけ』防止」によると、五百人を超す人から得られたアンケートをもとに、「調理を楽しいと思う人にぼけ的症状は少ない。食事どきの会話を楽しむことも、ぼけの予防に役立っているようだ」と書かれている。

現在は、加熱調理器具もいろいろあり、目的に合わせて器具を選べば、安心して使えるものがいくつかある。それを上手に組み合わせて使えば、身体が動く限りはできるだけ長く、自分が食べたいと思うものを、自分の好みに味をつけて料理していける。

では、どんな器具をどんなふうに使っていけばいいのか、私の体験も混じえながら具体的に考えてみよう。

(1)火を使わない調理器具

電子レンジやオーブントースター

電子レンジもオーブントースターも電気器具なので炎は出ないし、基本的にタイマーでスイッチを入れるようになっているので、時間が過ぎれば切れる、という点で非常に安全であるといえる。特に電子レンジは、一人暮しの人は、レンジで使える容器をいくつか買っておくと非常に便利で、料理が簡単になる。

特に専用の容器でなくても、金銀などを使っていない（金属が少しでも使ってあると、レンジの中で火花が散って危険である）陶器製のふたつきの食器があれば、一人分ぐらいの汁物を温め直すときにも使えるし、また、ブロッコリーや人参、じゃがいも、小松菜なども、丈夫な皿や鉢に入れ、ラップをしたり皿でふたをしたりすれば、湯を沸かさずに加熱できる。このときは、野菜を洗った後、必ず水がついたままレンジにかけると、加熱がうまくいく。

レンジがあれば、食品を小分けにして冷凍しておいて、気軽に解凍して食べられるので、その点も年寄り向きと言える。

私も朝食用に、日頃から好みのレバーペーストや魚のパテなどを買って、それを夫との二人分に分けてラップして、冷凍庫に保存しておく。ベーコンやハム類も、一度にたくさんは使わないので、小分けに切ってラップして冷凍しておき、これを使って、時には夫の好きなベーコンエッグを作る。このベーコン類も、レンジで半分ぐらい解凍して使う。

また、牛乳もレンジで温めるが、レンジの中でシチューや汁物を温め直す際には、ふきこぼれやすいので、レンジの底が汚れないように、必ずターンテーブルの大きさぐらいの平らな縁付きの皿を敷いて、その上に、調理するものを載せるようにしている。

たとえば、牛乳を温めて飲むときは、陶器製の湯のみに入れ、それを皿の上に置いて温めるようにする。そうすれば、何かのことで牛乳をこぼしても、その皿の中に牛乳を受けられるので、レンジの底に流れ出さないですむ。

シャトルシェフ、または博士なべ

わが家の朝食は洋食ばかりとは限らず、週に二、三回は、朝粥を作っている。この時に活躍するのが、シャトルシェフである。

シャトルシェフというのはステンレス製の鍋で、それが、同じステンレス製のジャーの中にすっぽりと入ってふたができるようになっている。

そうやって保温して調理するわけで、火から下ろして五十分後に温度を測ってみると、冬でも約七〇℃近くに保たれている。これだと、鍋を火から下ろしているので、鍋を弱火にかけたまま忘れる、ということもなく、非常に安全である。

おまけに、材料が鍋の中で動かないので煮くずれしない。しかも、材料のもつうまみがそのまま閉じこめられて、煮物などは格段においしく仕上がる。私の使っているのはシャトルシェフという商品名だが、同様の発想で「博士なべ」というのも売っているらしい。

さて、これを使って朝粥を作るときには、前夜、このシャトルシェフの鍋の中に二人分一二〇ミリリットル（約六勺）の研いだ米と、米の六、七倍の水を入れておく。

そして朝、夫か私のどちらか先に起きた方が、前日、米と水を入れて用意した鍋をガスの火にかけ、それが沸騰するまで傍についていて（ほんの一分ぐらい）、吹きこぼれる直前に火を消し、鍋をジャーに入れてふたをする。小一時間ぐらいして鍋をジャーから出してみると、炊いている間、米が動かないので、さらさらのおいしい粥に仕上がっている。

この鍋は、他にも、スープを煮込んだり、おでんを作ったり、弱火でゆっくりと煮込む料理のとき、吹きこぼれもせず、こげつきもしない、きわめて安全に使える鍋である。

(2) ガステーブルと魚焼きグリル

ガステーブルの安全装置

とはいえ、まったくガスの火を使わないで暮すわけにもいかない。ガスは何といっても火力が強く、加えてエネルギーの値段が安い。さいわい、最近のコンロは、以前のものと違って、安全第一の機能がいろいろついているので、高齢者が使ってもそうとう安心して使えるようになっている。たとえば東京ガスのコンロで「ピピッとコンロ」という名称のシリーズには以下の機能が全て搭載されている。

まず第一に、全バーナーに、コンロ消し忘れタイマー（万一の消し忘れをカバーするために一定時間で自動消火する機能）がついているし、一つのバーナーには温度センサーによるてんぷら油加熱防止や焦げ付き消火機能もついている。それに加えて、揚げ物の面倒な温度調節も自動的に行なってくれる機能もある。

天ぷら油の発火を防ぐ安全装置というのは、基本的には、加熱のしすぎで天ぷら油が発火したり、鍋を火にかけたまま忘れて焦げつかせたり、といった事故を防ぐ装置で、通常、火口が二つ以上付いているガステーブルの一つに、この装置がついている。

原理としては、ガスバーナーの中心にねじの頭を大きくしたようなものがついていて、これが鍋の底の温度を感知し、鍋底の温度が二五〇℃に到達すると、センサーが働いて、自動的にそのバーナーのコックが閉まるようになっている。天ぷら油の発火点は、油の種類にもよるが三〇〇℃以上なので、これによって事故が防げるわけである。

焦げつき防止の方も同じ原理で、鍋底が一三〇℃（温度のあがり方で、加熱しているものが油かそうでないかを区別する）、つまり、だしを入れてじゃがいもを煮ると焦げはじめたぐらいの状態で火が止まるので、鍋が熔けるなどという大きな事故にはならずにすむ。だがこれも、鍋の焼け焦げ一切なし、を保証するものではない。

二つのうち、ふつうは片方の火口にしかこの装置をつけないのは、料理によっては、強火・高温で調理したいものもあるからで、うっかり安全装置がついていない方の火口に鍋をかけっぱなしにしないように気をつけることは言うまでもない。

コンロの上で、ガスの火を使ってご飯を自動的に炊くことができる（おかゆも作れる）炊飯機能のついたものは、自動的に温度を調節するので、少量でも速くおいしく炊けるから、高齢者の家庭でも、吹きこぼれの心配もなく、おいしいご飯が炊ける。

設定した時間に自動的に消火する機能を使えば、煮物などに便利で、消し忘れの心配もない、など、以前の製品に比べると、安全で便利になっている。

沸騰消火機能とは、お湯が沸騰すると音で知らせ、その後弱火で五分間保温した後、自動的に消火するものである。

これまで、ガス器具には、電気に比べると安全面でなにかと問題があったが、それはおおむね解消したといえる。

加えてガス台を清潔に保つために、まず、ゴトクが軽量で、天板面は凹凸が少なく、掃除がしやすい形状になっている。このゴトクは、食洗機に入れて洗うこともできるし、天板も材質がしっかりしているので、すぐに拭き取れば簡単にきれいになる。たとえ、こびりついても磨き粉などを使ってもキズがつかない。

費用の点は、たとえば東京ガスの製品の場合、ガステーブルタイプでグリルに二つの火口がつき、油温度調節や沸騰消火、焦げ付き消火、コンロ消し忘れタイマーなどの機能が全部ついて、五万円台からある。高くなるのは、沸騰消火機能がついている製品が少ないからなのだが、この機能をはずしてよければ、それ以外の機能は全部ついて一万円台からあるそうだ。取り付け工事費は、状況によるが、一万円くらいからである。

魚焼きグリル

最近のグリルは、外に煙が出ず、台所に入っても魚を焼いていることに気付かないほどである。また、最近は、上下から同時に焼ける「両面焼きグリル」が一般的になってきている。

そうしたグリルには火力調節機能やタイマー機能（設定時間に自動的に消火する）も付いているため、超高速のオーブントースターとしても使用できる。魚だけでなく、肉や野菜、トーストを焼いてもおいしく、買ってきた揚げ物などの再加熱も速くおいしく仕上がる。

高齢になると、たくさんの揚げ物は欲しくないので、市販の揚げ物を買ってきて、このグリルで二～三分再加熱して熱いものを食べると、電子レンジの加熱よりはおいしく食べられる。

グリルにタイマー機能がついている機種を使うと、消し忘れは自動的になくなり、さらに、グリルの庫内温度が上がりすぎた場合に自動消火する「安全センサー」や、一定時間が経過すると自動消火する「消し忘れタイマー」もついている。

グリル皿もフッ素セラミックコーティングをされているので、油汚れも簡単に落とせる。

(3)電磁調理器、ＩＨヒーター（induction heating）

私は通常はガスレンジを使っているが、その他に、テーブルの上でも使える、火口が一つの電磁調理器を使っている。

以前は、電磁調理器は使える鍋が限られていた。底が鉄で、そのうえ平らなものでないと使えなかった。また、炎が出ないので、魚を焼いたり干物をあぶる調理はできない。今でも原理は同じであるが、オールメタル加熱方式の火口がついているものも開発されてきた。

通常のものは、電磁調理器は鍋を載せないかぎり加熱しないし、炎も出ないので、袖口をはじめ周りの紙やふきんなどに火がつくことはない。火力も強く、調節も幅広くできるし、たとえスイッチを切り忘れても、鍋を下ろすと自動的に加熱は止まり、同時に、スイッチが切れていることを知らせる警告の音が出るから、消し忘れるということがない。その意味で、きわめて安全な、年をとっても安心して使える調理器具だといえる。

最近のものは、安全性を考えてのタイマーや、忘れてつけたままにしてもスイッチが切れるものもある。そのうえ、加熱調理台は平らで、火口が二つ、三つあるものは、出来上がった鍋をその台の上で滑らせて、横に置いておけるし、掃除も非常に簡単である。

その他、天ぷらなどの場合、好みの温度（一四〇〜二〇〇℃）に設定して使える機能のあるものも、炊飯のとき、お粥のとき、吹きこぼれもなく、おいしく炊ける自動設定ができるものもある。

電磁調理器は火が見えないから、鍋が熱くなっていてもわからないのでこわい、という人がいるが、使い慣れればこれほど安全な加熱道具はない（最近はスイッチが入ると赤いランプがつくものもある)。

火口が二つ以上とか、それに魚などを焼くロースターがついたりなど、必要な電力が大きくなると、二〇〇ボルト電源の配線が必要になる。東京電力の場合、こうした電力の契約についての相談は、0120-995-001、停電はもちろん電気料金その他の相談は、0120-995-002のフリーダイヤルがある。

こうした安全第一の器具を前向きに使って、年をとっても少しでも元気で、自分の体によいと思われるものを、自分で調理していきたいものである。

「あっ、袖に火がついた！」事故をどう防ぐか

今から十数年前、ある時期有名なおばあさん女優だった浦辺粂子《くめこ》さんが、寝巻にコンロの火がついて翌日亡くなる、という事件があった。八十七歳であったとか。聞くと、朝、寝巻を着たまま湯を沸かそうとしてガスに点火したとたん、寝巻の袖に火がついて、あっというまに全身火だるまになったという。

一人暮しの高齢の人に起こりがちな、典型的な着衣着火の事故である。「着衣着火」とは、ガスを使う料理や、仏壇のろうそく、たき火などから、衣服に火が燃え移ることをいう。これが原因で火傷をしたり、火事になることも多く、最悪の場合、前記の女優さんのように死に至ることもあるという（東京ガス・都市生活レポートNo.36）。

一九九五年の消防白書によると、前年一年間に発生した火災による死者のうち、

着衣着火が原因の人は一一％にものぼるという。年齢別に見ると、百三十九人中、九十六人が六十五歳以上で、そのうち炊事中の事故で亡くなった人数は十人。たき火中の次に多い。

たき火は、現代生活の中では少なくなっているし、高齢者はできればしない方がよく、もしもするときは、バケツに水を汲んでそばに置いておくのは常識である。そうすれば、万一のときはそれを直ちにかぶれば大事に至らない。

問題は、炊事中の事故である。

統計的には、高齢者が炊事中に着衣着火の事故でやけどをした数が特に際立って多いわけではないが、届けが出ていないだけで、実際には大小さまざまな事故が起こっていると容易に想像できる。たとえば朝起きて、寝巻のまま湯をわかすとか、昨日の残りものを温め直す人は多いのではないかと思う。

そういう人は、防炎パジャマを着る、というのも事故を防ぐ一つの方法である。「防炎」といわれると、なんとなくごわつく素材を想像しがちであるが、実際には肌ざわりも柔らかく、たいへん着やすい。防炎パジャマは、後述する通販のほか、大型デパートの介護用品売り場や量販店でも扱っている。値段も普通のパジャマとそうかわりなく、数千円からある。

寝巻で一日中すごすことが多い人で、家族が留守のときにちょっと台所に立つことがある場合には、そういう防炎素材のものを着る方がよいのではないだろうか。

よく化繊のネグリジェなどを着ている人もいるが、レーヨン、アクリル、ポリエステル、ナイロンなど、化繊類は燃えやすいだけでなく、そうとう低い温度、手で触って熱いと思うやかんの表面の温度ぐらいでも、溶けて肌にべたっとくっついて、火傷になることもあるらしい。その上、木綿はなんとなく火がつきにくいと思いがちだが、実験によると、それがそうでもない。トレーナーやジャージーのようなものは特に、表面をよく見るとケバ立っている。このケバに、簡単に火が走るのである。

これを実際に実験した、国民生活センターの人の話によると、袖口に火がつくと、さっと首のところまで火が走るのだそうだ。こうしたケバ立ちは、洗濯を繰り返すとますますひどくなる。この場合、すぐに本格的に中まで燃え出すことがなくても、一瞬のうちに腕から首のところまで炎が立つと、手に持った鍋を落としたり、ころんだりして、別の事故や火傷にもつながることが多いそうだ。

国民生活センターから出ている「たしかな目」No.136に写真が出ているが、防炎パジャマと普通のパジャマとでは、火がついてそれが燃え広がるまでに、時間的に大きな違いがあるそうだ。

その他、日常生活でこうした事故を防ぐためには、特にガスレンジの手前と奥に火口のある人は、手前の火口に火をつけたまま奥の方の鍋の中をまぜたり、手前の火ごしに向こう側の鍋を下ろしたりなどはしないことである。また、奥に火口がなくても、向こう側に落ちた物をとろうとして、手前の火を越えて手を伸ばすことがある。そういう場合には必ず火を消すことを心がける。

それとともに、袖口から火がつくことが多いので、台所に立つときは、袖にくくりのある、昔のかっぽう着タイプのものを身につけるくせをつけるとよいと思う。それが防炎布地でできていればなおよい。

防災製品を近くで見つけられない人は、たとえばリバコ防災製品（リバコトレーディング　電話：03-3503-5301）で通販もしている。

種類も、エプロン型、昔のかっぽう着型で前開きのもの、かぶり型などいろいろあり、たとえばかっぽう着型の後あきのもので四千九百円。防災アームカバー（昔、年輩の事務をする人が使っていたようなもので、ひじから袖口までの筒型。防災素材でできていて、手首のところにゴムが入っている）で、一対が千四百円である。

こうした袖カバーを自分で手作りしたいのなら、ウールの下着やセーターの古いものでで作る方がよいと、国民生活センターでは言っている。そうすれば、火がつきかけると、ウールの焦げた独特な臭いがするし、木綿のケバのように火が走ることは少ないという。

袖口から火がつかないためにも、使いやすくするためにも、ガス台などの高さは、低めの方がよい。最近の台所は若い人の身長に合わせてあるので、高齢者が調理をすることが多い家は、地域にある福祉事務所の人などに相談にのってもらって、台所の部分リフォームも考えた方がよい。加熱調理器具については前項で詳しく述べたが、炎の出ない電磁調理器や、沸騰した後は火を使わないシャトルシェフ、そして電子レンジを上手に使いこなすのも大切なことである。

そうした工夫で不幸な事故を未然に防ぎたいものだ。

上手に塩分を減らすには?

実は二十年ぐらい前、私の夫が会社からの帰り道、急行電車から普通電車に乗り換えるプラットホームで意識不明となり、救急車で病院に運ばれるという事件があった。

いろいろ検査をした結果、高血圧以外には原因なしといわれて帰されたのだが、それ以来、毎月一回、懇意な病院の先生に血圧を測ってもらいながら、今でも微量ではあるが降圧剤を飲み続けている。

夫は標準体重だし、これまではどちらかというと低血圧で生きてきた。その上、他にこれという持病はない。その人がなぜそうなったのか。

思い返してみると、その頃は東京の本社から秋田の工場に単身赴任をしていて、土地柄、東北の上等な白米を三食たっぷり食べ、夫の好きな塩辛い漬けものに加えて、まかないの料理上手な中年の女性が、おいしい煮物などをいろいろ作ってくれていた。

夫は「食事がおいしいから幸せだよ」と言っていたが、結果は塩分・カロリーの取り過ぎが、思わぬ病気の引き金になったらしい。

夫は、煙草は吸わず、アルコールも、缶ビール一本も飲めない人である。私は以前から食事の味つけは薄味で、一、二の例外はあっても、しょうゆをかけずに食べる方なので、食卓にしょうゆを出し忘れることも多かった。こうした塩分少なめの食習慣が急に変わったのが原因だったのではないだろうか。

その後、夫が毎月病院から帰宅するたびに、今回は少し血圧が高かったとか、今回は普通だったとか報告してくれることもあって、私は以前にも増して塩分の少ない食事を心がけるようになった。とは言うものの、日本の食事は、至るところに塩分がついてまわる。

漬けもの・魚の干物・しらす干し・佃煮など、日本食のおかずは塩分が多めである。年をとると、これまで肉が大好きと言っていた人まで魚や野菜中心の和食を食べたくなってくるらしいので、食材は年寄り向きの健康食に変わってきたとしても、やはり塩分の取り過ぎには気をつけなくてはいけない。

とはいえ、高齢になってくると、毎日の食事が生活の楽しみにもなってくるので、やたらと塩を減らすのも、味気ない食事になる。

そこで私の友人の、管理栄養士の資格を持つ塩倉基枝さんに相談して、楽しく、好きなものをある程度食べながら塩分を減らしていくにはどうすればよいかをアドバイスしてもらった。その結果、今、私が自分の生活に取り入れていることは三つある。

(1)塩分を取っていい量は、血圧が正常な人でも一日に一〇グラム以内である。まず最初に、調理のときや、かけじょうゆも入れて、塩一グラムとはどのぐらいなのかの感覚を身につける。

次頁の表にも書いたが、食塩一グラムは、だいたい三本指でふたつまみである。一度、郵便物の計量秤りを使って、自分の指で十回か二十回つまんだ塩を薄い紙に包んで量ってみると、一回につまんだ塩の量が計算できる。その感じを覚えておくと、そのたびに計量しないですむ。

塩だけでなく、しょうゆ・みそ・インスタントのだしの素などの塩分量も一度表を見て実感しておくと、実際に使うときに自然と塩分を控えるようになる。それに慣れると、野菜などの素材のおいしさを楽しむようになって、少しずつ塩分

調味料の塩分の目安

［ミニスプーン：1cc、小さじ：5cc、大さじ：15cc］

＊塩分1グラムとは…？

食　塩	三本指で2つまみ＝ミニスプーン（1cc）1杯
しょうゆ	小さじ1杯＝5cc
み　そ	大さじ1／2杯＝約8g

＊その他の調味料の塩分量のめやす

だしの素・コンソメ（和風にくらべ中華風・洋風は多い）

顆粒状のもの…小さじ1杯（5cc）＝1.5～1.8g

さいころ状のもの…1個＝2.3～2.7g

濃縮液体だし…小さじ1.5杯（7.5cc）＝1g

ポン酢（塩分はしょうゆの2／3）…大さじ1杯（15cc）＝1.3g

和風ドレッシング（同1／4）…大さじ1杯＝1g

中濃・とんかつソース（同1／3）…大さじ1杯（15cc）＝1.0g

＊私の家での比較的塩分の少なめの日の献立てと塩分量（1人分）

朝食　パン（四枚切り食パン1枚、バターはつけず）　1g
　　　ハム薄切り2枚、又はチーズ（プロセスチーズ、マッチ箱より小さめ）　1g
　　　サラダに塩（ミニスプーンで1杯）　1g

昼食　みそ汁・だしをとり、具を多く、みそは薄めに　1g
　　　野菜の煮もの（こんぶとかつおでだしを取り薄味で）　1.5g
　　　肉（塩・こしょうで焼く）　1g

夕食　うどん（つけめん風に）　1.5g
　　　天ぷら　魚の切身1切（塩0.5グラム）
　　　　　　　野菜あげ（レモン、すだちとポン酢を使う）　1.5g

※以上のように控えめに計算しても合計9.5グラムになる。
実際は、うどんをつけめん風にしても、もう少し使っていると思う。
塩分を減らすのはなかなか難しい。

を減らせるようになる。

(2)和食の基本はだし汁にある。できるだけインスタントものを使わず、こんぶやかつお節などを使ってだしをとり、それでみそ汁や煮物を作ると、塩分量を減らしてもおいしくいただける。それとともに、煮物などの味つけに、糖分はできるだけ少なめにする。甘味は塩の味を隠してしまうので、塩を多く入れたくなる。

(3)外食の場合、思わぬ料理に塩がたくさん使われている。

たとえばラーメンやうどん・そばなど、汁のあるめん類である。汁まで全部飲んでしまうと、塩分が一人前で五～六グラムある。それだけで一日の量の半分以上である。それを考えると、めん類を食べるときにはなるべく汁を残すようにしたい。

また、パスタ料理の塩分は、前述のラーメンや、かけうどん・そば（いずれも汁含む）と比べ、少なめである。店にもよるが、たとえば一人前のミートソース・スパゲティの塩分量は2.5～3.5グラムになってきている。私はパスタを食べるとき、塩分のことやカロリーなども考えて、ドレッシングを少なめにした野菜サラダなどと組み合わせるようにしている。そのとき、生ハムやソーセージ、ピクルスなどを組み合わせると、高塩分になるので気をつけている。

その他の食べものについては、塩分が多いとはっきりわかる塩昆布の佃煮などは、好きだけれど一切食べないと決めるのではなくて、ごく少量食べるようにする。

何を食べるときも、まずしょうゆや塩をかけないで食べてみて、必要を感じたときかけるようにするのも、減塩に慣れる一つの方法である。

どんな人でも加齢とともに血圧が上がってくるので、その点も考慮しながら健康第一、塩分を減らしめにしながらおいしくたべる工夫をしよう。

※参考の本＝香川綾編『食品80キロカロリーミニガイド』女子栄養大学出版部、本体七百円。（推薦図書＊11）

この章及び表の塩分はすべてこの本を使った。

秤を身近に置いて健康ダイエット

朝のNHKテレビの番組を見ていた時のことである。

以前に見たような顔だが、でも全体の感じが違う。私の記憶力もあいまいになってきたのか……と思いながら、そこに出演している六十歳に近い男性の顔を見ていた。

番組は、専門の医者にスタジオに来てもらって予防医学の話を聞くものであった。誰だか思い出せないままに食卓を片づけながらなんとなく聴いていたので、その方の名前も、何の病気の予防の話だったかも定かではない。けれどもたしか、高齢者がなりやすい病気の話だった。それらの病気の予防のためには、体脂肪を減らし、運動をするのがよいと、その先生は語っていた。

「私も実は体重を一〇キロ減らしました。けれども、悪い体脂肪を健康的に減らすには、単に食事を抜くようなことではだめです。

今朝、私は、ごぼう・人参・豆腐とねぎのみそ汁、ひじきの煮たもの、ごはん……というように、十五種類以上もいろいろ食べてきました。そして歩くことを継続して、体脂肪を減らしたのです」と、二十分ぐらい話された。

それでわかった。その一、二年前に、テレビに出演されていたのだ。顔には見覚えがあったが、私が覚えている人と違うと思ったのは、ご自分で体脂肪計を見ながら努力され、健康的にやせられた結果であった。

若い女性が見た目の美しさを追求してやせるのとちがって、ある程度年をとってから上手にバランスを取りながら、体にもよく、その上、楽しんで食べられるものをうまく取って、少しずつやせていかれたのだ。

また、ウォーキングの方は、やたらと速くはないが普通のスピードで、手を振りながら、無理のない大股で歩くことを勧められた。

歩き始めの二十分間は蓄えたぶどう糖が燃え、それ以上歩いた分が、はじめて体脂肪を燃やすことになる。一週間に三、四回でいいから一時間ぐらい歩くようにすれば、徐々に健康的にやせる、ということであった。

そしてまた、一日、二日で秤の針が目に見えて動くような急激な減量では、筋肉が弱くなってしまう。そうなってしまってからそれを元に戻すためには、相当量の運動が必要で、それも時間をかけて激しい運動をしなければならない。だから、バランスのよい食事を、特に朝食と、できれば昼食に心がける、というのが話の要旨であった。

もちろん、太ることから来る成人病についても、いろいろ話しておられたが、ここでは食事の献立てのことについてだけ考えてみる。

恥をさらすようだが、私は食べるのが大好きな人間である。若い頃は過激なダイエットも何回か試したことがあるが、それがかえって六十代半ばに起こったひどい腰痛の原因の一つになっていたのだと、今になって反省している。

特に年齢が高くなると、以前と同じように食べても、体重が増していくようになる。そうなると当然、腰への負担も増える。私の場合も、もっと早くから日常の食事と運動について考え、実行していれば、腰痛を起こすようなこともなかったかもしれない。

腰痛がひどくて寝ていた間、夫が用意してくれる食事だけを食べていたときは、ほとんど動かなかったのに、太るどころかやせ気味でさえあった。

理由は、夫が私の骨のためを考えて健康的な食事を心がけてくれたこと、また、レパートリーの関係もあって油を使った料理をほとんど作らなかったからだろう。夫の作ってくれる食事は、調理法が、ゆでる、煮る、そして魚の干物を焼く、あとは、冷ややっこ・納豆・小魚の佃煮が副菜で、それ以外はわかめと大根のみそ汁ぐらいだった。その上、私も甘いものの間食をほとんどしなかった。それも体重が減った理由かもしれない。

だが、腰が少しずつ回復してきて、自分で食事の用意ができるようになってくると、気をつけているつもりなのだが、一年に〇・五キロぐらいは体重が増えている。

運動については、電車に乗って外出する日は別として、一日に二回は外を歩き、合計五千～七千歩は歩くようにしている。それに、週に一、二回は温水プールにも行くように心がけているのに、そうである。あとは、もう一度、食生活を見直さなければいけない、と改めて思った。

そこで、前述の管理栄養士の友人・塩倉基枝さんに相談すると、自分の食生活をよい方へ変えようと思うとき最も大切なことは、体にどんなによい方法でも、極端なやり方や、理屈ばかり先行させるのはよくないし、結局は長続きしないことを肝に銘じることだという。彼女は、

「食事はおいしいと思って食べることで、体によい栄養が身につくのよ」

と言いながら、やさしく話を進めてくれた。

カロリーの場合も、塩分の時と同じく最初だけ、目で覚えるまでの一、二回、秤を使うとよいという。たとえば果物。種類によってはけっこう糖分が多いから、カロリーの高い食品である。

りんご半分を量ってみた。少し大きめのものだったが、半分で約二〇〇グラムある。

これまでは、なんとなく食後のフルーツの一回に、りんごを夫と半分ずつにしていた。だが、塩倉さんからもらった『食品80キロカロリーミニガイド』を見ると、りんご半分は、カロリーではイチゴ二十二粒に相当する。

私は夫との食事の長い習慣で、食後ちょっとフルーツを食べないと寂しく思うのだが、幸い、今はほぼ一年中イチゴが出回っている。イチゴなら、たとえ二、三粒でも食べるとなにかほっとする。それなら、一度にりんご半分は多すぎるかもしれない……。そう考えて、朝食後の柑橘類も、一人前は四分の一にしたし、昼はりんごを四分の一、夜はイチゴを三、四粒というように減らすことができた。

もう一つ、塩倉さんのアドバイスで参考になったのは、栄養上、卵は一日一個、食べた方がよいということだった。だから、時には夫の好きなオムレツも作る。

高齢者でも、植物性たんぱく質だけでなく、魚介類やとりのささみなら良質のたんぱく源、といわれているが、「週に一回ずつぐらいは、豚、牛のひれ肉なら食べてもいいわよ」と塩倉さんに言われた。

夫は肉類が好きなので、それを聞いてからは、牛や豚を使った料理も取り入れるようにしている。

それから、生野菜やポテトサラダを食べるとき、なんとなく量を考えずにマヨネーズを使っていたが、あれはほとんど油と思った方がよいというのも、前述のカロリーの本を読んでわかった。それ以来、ドレッシングにはレモン汁を併用している。だが、カロリーとは別に、植物油を野菜と一緒に食べると、ビタミンの吸収をよくする。少量のバターも体によいそうだ。だから、白身魚をムニエール風にするとき、火からの下ろし際《ぎわ》に少しだけバターを使うことにした。

先述のカロリーブックを見て、今までなにげなく食べていたものが意外にカロリーが高いのにびっくりしたりしたが、食べたいものを無理に抑えるよりは、少量ずつ、多くの種類を食べるのも、一つの方法であろう。

何によらず、一度実際の食品を量ってみてカロリーを知れば、幾分でも量を減らそうと気をつけるようになる。

そして、食べ過ぎたと思ったら、運動量を増やし、少し我慢ができたときの気分のよさを覚えておこう。

私の友人で、夕食のあと、ちょっと何かつまみたくなったとき、外に出て星を眺めたり木のざわつきを感じたりしながら歩いてみると、帰宅するといつのまにかすっきりしていると言う人がいる。彼女はそうやって一年かけて、一〇キロもやせたそうだ。

私たちも楽しく食べながら、自分なりにバランスよくやせる方法を見つけようではないか。

5 いつも身ぎれいに暮したい

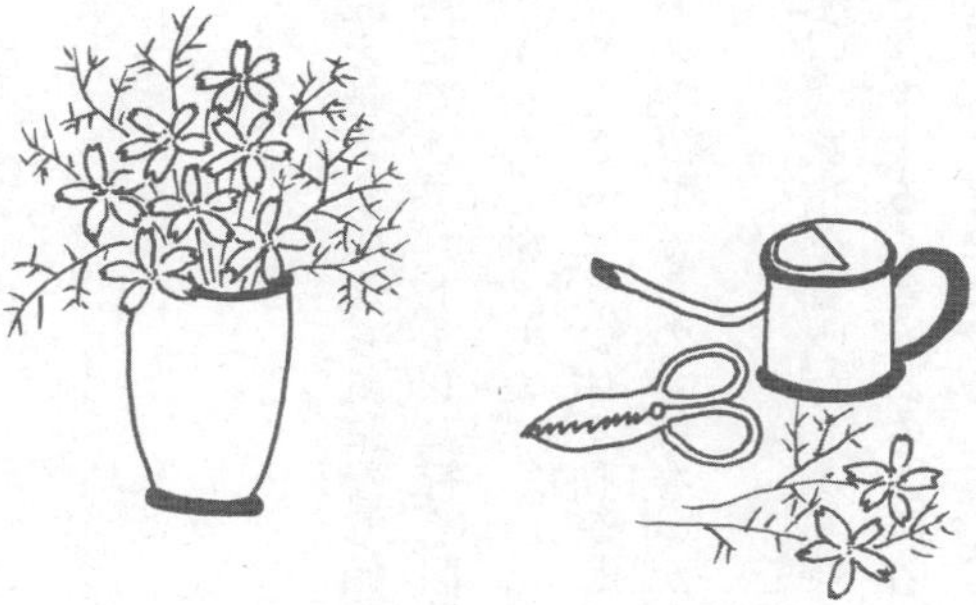

「老臭」を消すために

「老臭」という言葉がある。私も自分自身が六十五歳を越える頃から気になり始めた。一つには、腰痛のために運動どころか寝返りも楽にできず、トイレに行く回数も減らすようにして二、三か月暮らしたことも、その気持ちを強くした。

幸い、大小ともに便のもらしはなかったが、健康体のときのように体を動かしていなければ、自分ではわからない、年寄り独特のにおいが出てくるのではないかと気になった。

「老臭」とは、単に年をとるから発生するわけではない。風邪を引いたとか、外出の予定がないからと、風呂に入る回数を減らすことで発生することもある。肌着を替えるのがおっくうになったり、何日も同じ服を着続けることによって出てくる体臭も、その一つだと思う。

不潔からくる臭いは、「肌着は毎日替えて洗濯する。消臭肌着を使う。寝具のカバー類も、週に一回は全部取り替える。洗髪も、二、三日に一回はする」ということである程度防げる。

洗髪できないときは、髪と頭皮の汚れや臭いをとる働きがある、水のいらないドライシャンプー、たとえばフレッシィドライシャンプー（エフティ資生堂、フリーダイヤル：0120-37-1442）などを使って清潔に保つこともできる。

朝食が終わってから丁寧に歯を磨き、昼、夜もできるだけ毎食後歯を磨き、口腔洗浄液を使って口をすすぐのも、においだけでなく歯のためにも大切なことである。

だが、たとえ不潔にしていなくとも、体の中から出てくる悪臭も高齢者にはある。内臓機能や新陳代謝の衰えによるものである。

胃や腸が弱ると、体内の悪い菌が増え、逆に、消化や代謝を助ける善い菌、たとえばビフィズス菌が減ってきて、口臭や下からの臭いも、若いときよりくさくなりがちである。

それに対して、最近、意外なものに消臭効果があることがわかってきた。お茶である。昔から年寄りはよくお茶を飲むと言われるが、その裏には、意外な効能が隠されていたというわけだ。

主婦の友生活シリーズ『臭いの秘密』(推薦図書＊10)は、そのあたりの事情を非常にわかりやすく解説した本であるが、その中で、浜松十字の園診療所所長・後藤幸一先生が、臨床試験と研究の結果をひいて、お茶の効能を納得できるように説明している。

高齢の患者さんに、茶の中に含まれるカテキンを投与してみると、腸内の善玉菌であるビフィズス菌が増え、大腸菌などの増殖を抑える、というのである。

さらにこの本には、「特にカテキンの錠剤を飲まなくても、一日に煎茶三杯程度を飲むことで同じような効果があり、便のにおいも減ってくる」と書かれている。

その上、カテキン類を取るには高級な茶である必要はなく、一〇〇グラム三百円ぐらいの安いものでも効果は変わらないそうだ。ただし、茶を入れて二十分以上たつと効果が薄れるという。朝いれた茶の葉を、また昼に飲んでも悪くはないが、効果は薄くなる。

特に体臭などを気にする人は、茶を布袋に入れて風呂に入れるのも、よい効果があるそうだ。だし用の袋に安い煎茶を一〇グラムぐらい入れて使えば簡単である。

自然のものでは、お茶のほか、人参の葉にも非常に強い消臭効果があると聞いた。

さっそく、近所の畑に青々と繁る人参の葉を農家の人に分けてもらい、太い茎ははずして、やわらかい葉の部分を天日干しにしてみた。お天気なら一日半ぐらいでパリパリに乾く。私は自分で作ったが、大きな健康食品店に行けば売っていると思う。

国立札幌病院北海道ガンセンターの佐々木迪郎医長によると、人参の葉は口臭にも非常によくきき、また、別の報告によると、便の臭いが驚くほど弱くなるという。

健康食品として市販されているものの場合は、一日の適量が示されていると思うが、自分で作った場合は、よく乾燥させたものを一〇グラムぐらいが目安のようである。私は完全に乾かして、フードプロセッサーなどでなるべく細かくして、粉薬のようにして飲んでいるが、おいしいものではない。だが、便通にもよいので、旅をするときとか、風邪などをひいて寝ている時間が長いときに飲むようにしている。

また、口臭などを気にする人は、成分表示に「緑茶フラボノイド」と書かれているチューインガムやキャンディーなども市販されているが、これも顕著な消臭効果があるという。

また最近は、長方形の市販のチューインガムより薄く、サイズも小さな、口に入れると解溶性のフィルム状のものが、小さな箱に入って売っている。

私が買って使ってみたものは、二センチ×一・五センチくらい。薄いプラスチックのケースに十枚入っていて、一枚を舌の上に載せると、すぐに溶け始め、一分くらいで口がさっぱりする。口臭の原因菌を殺して、口臭をもとから予防すると書かれている。

一九九九年、資生堂の研究所が、高砂香料工業との共同研究の結果、中高年の体臭のもととなる「ノネナール」と呼ばれるものを発見した。青臭いにおいと脂臭いにおいを合わせたようなもので、若い人にはなく、男女とも四十歳を過ぎたころから体臭に含まれるようになるという。つまりそれが、中高年特有の嫌な体臭として感じられるというわけである。

続いて、この原因物質の発生メカニズムも明らかとなり、その結果を生かした商品が開発された。現在は、ノネナールに対応した香料を使用し、身体に直接スプレーし、タオルなどでふきとるだけで、ベタつく汗や汚れ、臭いをスッキリふき取れるものが、フレッシィドライボディソープとして発売されている。(問い合わせ・エフティ資生堂　前出・一八一頁)

これに限らず、最近の消臭剤は、以前のように単に香料など別のにおいでカバーするのではなく、悪臭成分を中和・分解して、においの発生源を元から断つようになってきている。そうしたものの一つに、樹木から発散するといわれるフィトンチッド（Phytoncide）を使った消臭剤がある。

フィトン＝植物、チッド＝殺す、という意味で、樹木の発する気には細菌などの微生物を殺す作用がある。そのため、森林大気が清浄になり、山林を歩くのは、人間の健康によいといわれている。森林浴がよいと言われるのもそのためである。これは植物が外敵から身を守る効果も持つもので、強力な消臭効果に加えて抗菌効果もある。

よく、年寄りがいる部屋には独特なにおいがあると言われるが、こうした新しいタイプの消臭剤を使っていけば、ずいぶん気持ちよくすごせるし、トイレの臭い（年をとると寝室の中にトイレを作ったり、部屋の中に簡易トイレを置く場合もある）を消すためにも、今はずいぶんいろいろなタイプの消臭剤を売っている。

消臭剤は基本的に、(a)揮発性の悪臭物質と化学反応を起こし、悪臭物質を元から無くすものと、(b)直接吸着して悪臭を元から無くすものの、二つに分けられる。

市販の消臭剤には、持続性のあるゲル状になった固形タイプ、瞬間的に広範囲を消臭できるエアゾールタイプ、部屋の隅やベッド下に置く固形タイプなど、いろいろな種類のものがある。

ポータブルトイレを常時部屋に置くような場合にも、強い消臭効果を発揮してくれる消臭剤もある。

最近の空気清浄機も有効であると聞いている。

洗たく洗剤の中にも消臭効果を強くうたったものもある。

また、下着、寝衣、リネン、カーテンなども、防臭加工されている製品もある。

その他にももちろん、昔からある香水のようなものや、一時的に嗅覚をマヒさせるもの、別の香りと悪臭とをうまく融合させて、不快感の少ない別のにおいに変えるものなど、市販の製品は多様になっている。製品の裏などに示されている成分表示をよく読んで、自分で納得するものを、取り扱いの指示に従って使うことが大切である。

また、おむつや失禁用のパンツなどを使うようになっても、最近のものは、もれを防ぐだけでなく、脱臭効果についても考えられている。むやみに自分の体臭を心配して家に引きこもらず、消臭剤を上手に使って、積極的に外出したり、人に会うのに前向きに暮したいものである。

年をとったら化粧は必需品

しばらく前の毎日新聞に、「おばあさんのおむつがとれた化粧の力」という見出しが載っていた。

この記事を読むと、資生堂では、徳島県の鳴門山下病院で高齢者へのメイク療法を行なっていて、それまでおむつをつけていたお年寄りが、このメイク療法の結果、おむつが取れた例もある、と記されていた。

実は私も、あるなりゆきで資生堂に勤める友人と相談して、シニアのケア付きハウスで化粧についての特別のボランティアをお願いし、私も隅の方で参加させてもらったことがある。

当日は六十歳ぐらいから八十歳を越したぐらいの女性の入居者が、二十人ほど集ってこられた。その日ボランティアとして来られた化粧品会社に勤める三人の女性は、試供品を使って、まず丁寧に、肌の手入れ、マッサージのやり方を教えて下さった。

実は私も正しい肌の手入れ法を習ったことがなかったので、椅子を前に進め、指導に合わせて、鏡と先生の顔を交互に見ながらやってみた。

最初はクレンジングクリームを使ってのマッサージ。それをやるだけでも、顔の皮膚が活気を帯びてくるのを実感する。そのとき参加した、私より高齢に見える女性たちの皮膚にも赤味がさしてくる。

クレンジングクリームの拭き取り方を習った後、メーキャップの講習が始まった。その頃になると、今まで受動的だった人たちが、茶系統などの新しいカラーもある何本かの口紅の中からどれがよいか選んでほしいとか、紅筆の使い方を教えてほしい、などと、積極的になってくる。

そのうちに、他の人がいつもより美しく変身してくるのを見て、それまで黙って坐っているだけだった人も、指導員に質問したり、頼んだりし始めた。そして、メーキャップの化粧品を一つ使うたびに、今度は鏡を丁寧にのぞきこんで、その出来ばえを子細に確認している。その目はもう八十歳前後の老婆の目ではなくなり、まさに女性になっている。

二時間の講習が終わる頃には、ほとんどの人が別人かと思えるほど若返って見えた。

それで思い出したのだが、同じ町内に住む友人のAさんと久しぶりに私の家の前で行きあったことがある。ひどく疲れて悲しそうな様子なので事情を聞くと、娘さんが長く入院しているという。私は何か力づけてあげられるものはないかと考え、とっさに思いついて、海外から買ってきた口紅を一本、包んで差し上げた。

その後、彼女が話してくれたところによると、ぐったりとベッドに寝ていた娘さんは、母親が持ってきたその口紅を見ると、さっそく鏡を手に取り、使ってみて、何度もその色が自分に似合うかどうか母親に確かめていたそうだ。頰にまで赤味がさしてきたみたいだったと、しばらくしてから、退院報告とともにお礼の電話をくれた。これは高齢者の例ではないが、女性にとって化粧品というものは不思議な効果があるものだ、とそのとき実感した。

最近のデパートなどの化粧品コーナーや、有名会社のパイロットショップなどに行くと、基礎化粧品の使い方（朝・夜の肌の手入れ）やメーキャップのやり方など、質問すれば丁寧に教えてくれる。だからといって、その場で化粧品を買うことを強要されるようなことはなくなってきている。

店によって対応が少しは違うかもしれないが、その気になったら一度立ち寄って、今度ゆっくり相談に来たいのだが予約はできるだろうか……と言ってみるのもよい。そのとき、手持ちの化粧品を持ってくればその中から使えるものを選んでくれるかどうか、また、「今回は〇千円以下で、とりあえずこれだけは、というものを一点だけ買おうかと考えている」と話してみるのもよい。そのときの店の人の対応が納得できなければ、予約はしないで帰ればよい。

今回ボランティアで来て下さった人たちは、試供品はたくさん下さったが、売るものはいっさい持ってきておらず、どうしても買いたいという人には、品名や製品番号を書いた紙を渡して、最寄りの店で買って下さい、と言っていた。

また、私もそうだが、以前に買って使いかけの化粧品類が、引き出しや箱の中にたくさん入っている。

今の自分に合ったものだけを残し、使用期限などを考慮して、一度思い切って整理してみよう。そして、安心して美容相談のできる人を探して、この際、変身してみたらどうだろう。

今は、若い人でも、メーキャップしているとは思えないほど自然に見える化粧をする時代である。厚塗りでなく、上手にしみを薄く見せ、自分のよいところを少しだけ強調して、あっさりとはしているが上手に明るさを取り入れる化粧をしてみようではないか。

目・耳・歯・爪・手足のケア

感覚器官の目・耳などは、若い頃から何かと具合が悪くなって苦労したという人は多いし、人それぞれ、個別の弱さに悩まされ、丈夫な人を羨んで来た人は多いと思う。しかし、年をとってくると、どんな人でも確実にどこかが悪くなってくる。

目について

私の場合、若いときは視力がよくて、眼鏡は必要なかったが、四十歳ぐらいから老眼が始まった。今は乱視も入って、眼鏡なしではかなり大きな字も読めない。五年ほど前に緑内障が始まるおそれありと言われて、その予防のために、両眼それぞれにレーザーを使っての手術を受けた。それからは、今のところ異常はない。

現在は、老眼と乱視を合わせた、二重焦点の眼鏡を使っている。けれども、若いときには眼鏡を使っていなかったので、どうも眼鏡の扱いに慣れていない。

眼鏡について、今、私が気をつけていることは、

①眼鏡を置くところに気をつける。ベッドでは、母にもらった眼鏡置きを使っている。外出のときは必ず眼鏡ケースを持って出る。はずして置く場所はよく選び、原則として寝るとき以外ははずさない。

②毎朝必ず眼鏡を洗って、眼鏡専用の布で丁寧に拭く。レンズに曇りや汚れがついた状態で人に会わないように気をつける。

③一年に一度は眼科医に診察してもらい、眼圧を測り、検眼もしてもらっている。

また、日常的に使う眼鏡とは別に、外出先などで小さ過ぎて読めない字を見るために、名刺の大きさの拡大鏡（近所の文房具屋で四百円だった）を持って歩いている。プラスチック製でわずか一〇グラムだから、外出用のリュックの小物入れ（後述）に納めてある。

その他、私は使っていないが、刺繍《ししゅう》をしたり縫い物をするとき用に、視野の広い、天眼鏡の大きなものをスタンドに取りつけたような拡大鏡も売っているという（浜田さんの本［推薦図書＊5・6］に紹介されている）。縫い物が好きな人はそういうものを使うと疲れないですむと思う。

耳について

現在、私は難聴もないようだが、一度、専門医に診てもらおうと思っている。

二、三の友人に聞くと、最近の補聴器は、非常に技術が進んでいるそうである。加齢によって少しずつ耳が聞こえなくなってきた、かつて技術者だった男性が、自分が使うようになったいきさつを順を追って説明してくれた。

彼は、マイクの部分が小型でポケットに入るようになっていて、細いコードの先にイヤホンがついているものを使っているという。彼によると、使う人によって音の周波数帯の感度が微妙に違うこともあるので、調整のための時間がかかるそうだ。彼自身は五、六回、メーカーのサービスセンターに通い、今は非常に調子がよいと言っていた。おしゃれのためには、マイクが小さくて耳の穴の中に入ってしまうもの、耳の後にかけるものも売っているが、マイクはある程度大きい方がよいというのが彼の意見である。

別の人に聞くと、外から見て補聴器をつけていることがわからないおしゃれなものは、ポケットに本体を入れて使うものと比べると、値段が二倍以上するという。

いずれにせよ、聞こえないのに聞こえたふりをするのは、自分だけでなく、家族や友人など周りの人にも迷惑をかけ、誤解されることも出てくる。だが、高齢になってきて、いまさらイヤホンを付けるのはいやだと思う人もいるだろう。

そういう人のために、外では使えないかもしれないが、家の中での暮しがちょっとラクになる、簡単な道具が売っているという。象の鼻のように蛇腹になっているプラスチック製の管で、耳の不自由な人が一方を耳につけ、話をする人が他方を口に当てて話すと、声が横にもれないのでよく聴こえるそうだ（値段も約二千円と安い）。

ちょっと聞くとおもちゃのように思えるかもしれないが、この道具を使うと、話す人は、障害のある人にわかるようにと、話の内容も整理し、ゆっくりはっきり話すので、相手の人も、さらにわかりやすくなる。子供も年寄りにやさしく相手をするし、遊び感覚もあって、この道具は高齢者向きである。

これも浜田きよ子著『高齢者が使いやすい日用品』（推薦図書＊6）に紹介されている。おたっしゃ本舗（電話：075-467-1762）で扱っており、この店では、何人かと話しているときに使える「聴太郎」という、集音マイク付きの、携帯電話風のものも扱っているそうだ（一万三千五百円）。

歯について

これについては状況は千差万別で、もう入れ歯になっている人、まだ一本も欠けておらず、八十歳になっても二十本以上の歯を残そうと頑張っている人など、いろいろだと思う。

だが、口臭のことを考えても、年をとったら歯磨きには特に気をつけて、自分も周りの人も快適に暮せる歯のケアをしていきたい。

私は幸い自分の歯で暮しているが、やはり、歯間ブラシや「デンタルフロス」という糸を朝晩使っていると調子がよい。歯間ブラシは外出時にも化粧ポーチの中に入れて、外で食物がひっかかったときはそれを使っている。

入れ歯は使っていないのでよくわからないが、少なくとも自分以外の人の前に置いたり、ましてや人前で洗うのは、病人になって動けなくなったのでもない限りやめた方がいい。携帯用のケースや、夜寝るときに入れておく、洗浄を兼ねた入れ歯容器を用意して、他人には（たとえ配偶者でも）見せない努力はしたいものである。

なにより若いときから、虫歯になる前に、年に二回ぐらいは歯石を取ってもらいながら、専門医に見てもらうようにしたいものだ。

爪、手足のケア

マニキュアは好きずきだろうが、私は外出のときなど、きれいに塗っている人を見ると、そのために手全体の手入れをするのはよいことだと思う。しかしマニキュアや除光液は、爪のためにはいいとは言えないし、それよりも、いつも爪を恰好よく切り、自分でやすりをかけ、あとは、朝晩はもちろん、特に洗剤を使った後に、必ずハンドクリームをつけるくせをつけよう。

六十代半ばに自由に起き上がれないような腰痛になったとき、私はリハビリも兼ねて、手足とも、たまに起き上がったときにクリームをつけ、手はひじの上まで、足も指先から膝の上まで、少し硬めの植物性の毛を植えた柄つきのブラシをかけるようにした。そのためか、手足だけはカサついていない。

何十年も働いてくれた手足と爪である。感謝の気持ちで手入れをしてあげたいと思っている。

曲がった背中もまっすぐになる

私自身が若いとき、曾祖母をはじめ、年をとった人が背中を丸め、足を八の字に開いて歩くのを、なぜそうするのか、不思議な気持ちで見ていたことを思い出す。けれども今、自分が七十歳を超えてくると、あれはけっしてわざとしていたわけではないのがわかる。

特に六十四歳のとき骨粗鬆症から腰を痛め、背中を丸めるようにして三か月近くほとんど寝て暮したあと、起き上がって少しずつ歩き始めた時にそれを痛感した。家の前を、十歩、二十歩から始めて、一ブロックを一回りできたときは、歩けたというだけで非常にうれしかった。こうして少しずつ歩く距離を延ばし、ゆっくり歩いて十五分ぐらいのところにある最寄り駅まで歩けるようになってきて、道に面したガラスの扉などに映る自分の歩く姿を見ると、絶句するほど背中が丸く、お腹がふくれていたのである。

ひどい腰痛を起こす前は比較的背が高かったはずが、背丈まで縮んでいた。測ってみると、数か月の間に七、八センチは低くなっている。五十歳頃と比べると、一〇センチも縮んでいる。

骨粗鬆症によって背骨の椎《つい》といわれる臼状の骨が欠けたり、その間に挟まっている軟骨がつぶれてしまった結果、痛みも出たし、身長も縮んでしまったわけである。じたばたしても今さら背がのびるわけではないのだから、それはしかたがないとしても、背中が丸くなってしまったことだけは、なんとかならないだろうか……歩けるようになった喜びだけでは満足せず、欲が出てきた。

相談してみると、私が月に一、二回行っている整体の先生の話では、その気になって体操をしたり、姿勢をまっすぐにと心がければ治っていくそうだ。彼女に言わせれば、体の中に具合が悪いところがあると、それに影響されたり、その痛みをかばうために身体を無意識のうちにねじ曲げたりするそうで、逆に日頃から姿勢をまっすぐにと心がけていると、体の循環がよくなり、本当の健康体になっていくと話してくれた。

その言葉で、小・中学生時代に学校の先生や親から、何十ぺん何百ぺんとなく

「姿勢をよくしなさい」と注意されてきたことを思い出した。

正しく背すじを伸ばすことは、健康のための基本の一つで、誰でもその気になればできることだが、それを少しでも若いときから心がける方がいいということなのだ。だからといって、年をとったらあきらめなければならない、ということではない。

現実に私の場合、一時は背中が本当にみにくく丸くなっていたが、自分で折を見ては伸ばすようにしたし、整体の先生がやさしく押したりさすったりして下さったことで、ほんの少しずつでも治ってきたように思われる。

それとともに、外出したとき、他人の目に曝《さら》されることはとてもよい刺激になったと思う。背中の丸さを恥ずかしがらずに、いろいろな友人と積極的に会うようにしたこともよかったのではと思う。

特に、若い人や男性の友人も混ざった会などに出席すると、少しでも若くスマートに見えるようにと努力する。着るものにも気をつけるが、心がけてお腹を引き締め、気持ちの上で肩を後ろに引き、あごを引きながら、頭を上に引き上げるようにしてきた。

後で述べるが、私は週に一、二回、近くのプールに通っていて、プールの中で水中歩行をするようになってから、水に入る前に準備運動をする。そのとき、そこにある柱に後頭部をつけ、かかともつけ、そしてなるべく背中を伸ばすようにして、背筋の部分を柱に押しつけるようにした。そうやって一年ぐらい経つと、見た目はまだまっすぐとはいかないが、柱につく部分が増えたように思う。

そうやって数年がたった夏、一か月半ぐらい、背中を伸ばすということをあまり心掛けていなかったことがあった。そして久しぶりにプールへ行って、以前と同じように柱に添って立ってみると、以前の頃の感触とは違って、前に柱についていた背中の部分が少ししかつかない。背中が丸くなっているのだ。

私は少々あわてた。やはり、自分で毎日のように努力をし、ちょっとした折に肩を後ろに引き、けんこう骨を寄せるように、胸をつき出す（お腹は引っこめて）運動をすることは、効果があるのだ。

年をとると、過激な運動で一挙になんとかしようというのはよくない。自分にとって無理のない努力を、しかし休まないで長く続けていくことは、大切なことではないだろうか。

6

やっぱり外に出たいから

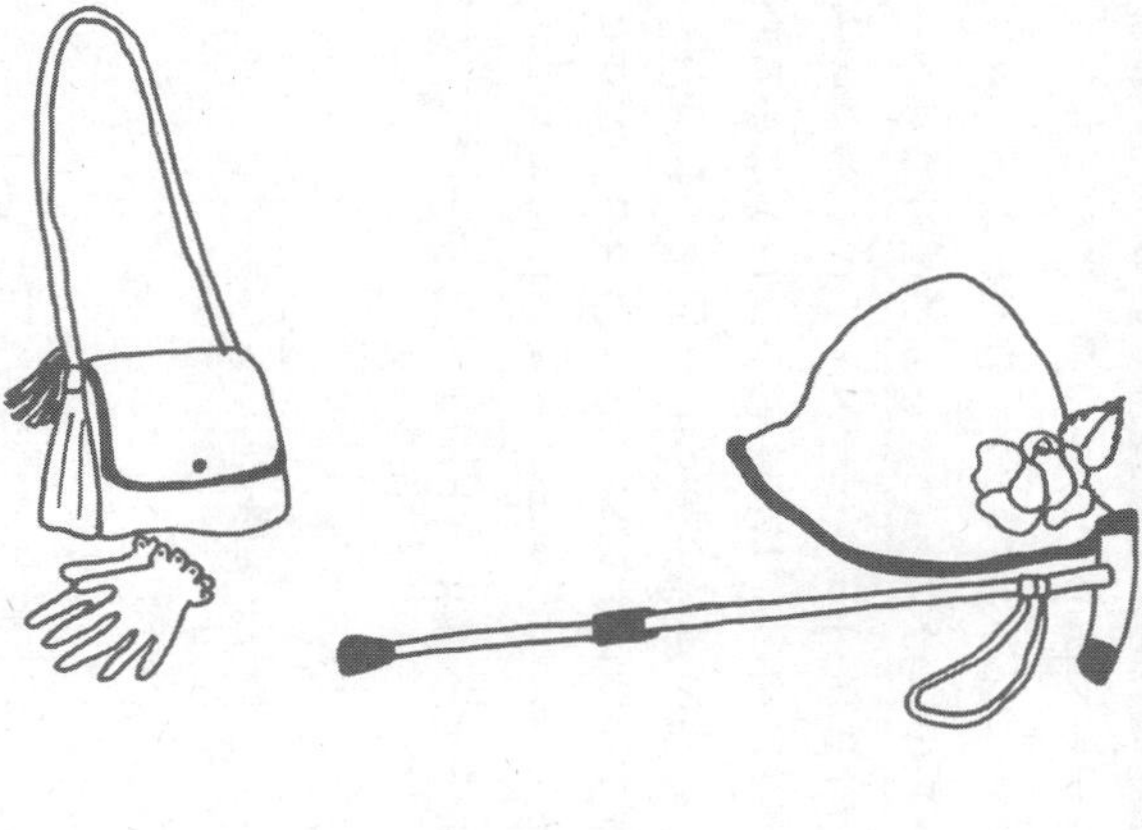

杖を用意するときに

一九八五年二月頃だったか、新劇女優の杉村春子さんが「ウエストサイドワルツ」という芝居で、ヒロインを演じていた。その中でヒロインが年をとっていく状況を杉村さんは、最初は少し背中が丸くなりかけた中年の女性、次はしゃれた杖を使って主人公が老年になったことを表わし、次には先が四本に分かれた杖を使うことで、ヒロインがおしゃれっぽさよりは安全に歩けることを第一に考える年になったことを表わしていた。そして最後は車椅子となる、というストーリーであった。

その劇が印象深かったので、海外を旅行する機会に、ちょっとしゃれた杖を買ってこようか、などと思い始めたが、実際に買うところまではいかなかった。

そして六十四歳の春、痛めた腰椎が少しずつ治り始めた頃、家の前を五メートル、一〇メートルと、痛みをかばいながら歩き始めて、そのとき杖があったほうがよいかと、車で十五分ぐらいのところにある店に杖を買いに行った。

その時は杖については何の知識も持ち合わせておらず、買うにあたって自分の頭で考えたことは、

①しっかりはしているが軽いこと。

②折り畳むなどして、私が使っている小さいリュックサックに入ること。

であった。元気なころに考えた「おしゃれなもの」という発想は、出てこなかった。

そして、アルミニウム製で四つに折れて、長さ七八センチメートル（プラス一〇センチは伸ばせる）、重さ四〇〇グラムのものを買ってきた。

その当時は、色は一種類で、黒しか売っていなかった。たとえ違う色があっても、単なるアルミの棒では、おしゃれっぽさは望むべくもなかった。

あれから十年近くたって、杖についての情報も、売っている店も増えている。だが一般に、杖や歩行器などは、ぎりぎりまで使いたくない、と考える人が多いだろう。

これは見ためのことばかりでなく、少し足がおぼつかなくなっても、杖を持つと片手は杖に取られるからである。

たとえば、駅で切符を買うとき、ふつうは杖を立てかけやすい場所も、かけてお

けるフックもない。杖の紐に手を通し、財布を出したり、荷物の他に切符を手に持ち、改札を通るわけで、その時、一緒に長い棒を持ちながらというのは、なかなかやりにくそうに見える。これは、買い物のときも同じである。

だが、国民生活センター刊「たしかな目」No.129によると、転倒事故の防止のためには、杖は無くてはならないものだという。このパンフレットでは、見た目やわずらわしさで敬遠せず、健康維持のためには杖を積極的に取り入れることを勧めている。

実際に選ぶときのポイントとしては、

①使う人の身長に合わせること。

②握り手は、年配の男性がよく使う丸い形のものでなく、T字型がよい。手袋をして握ることもあるので、握りの部分はなるべく滑りの悪いものがよいという。

③杖先のゴムは、あまり細くない、しっかりしたものを。使っている人に聞くと、このゴムはしばしば取り替える必要があるという。そのサービスを快くしてくれる店から買うのも大切である。

④支柱はたわまないもの。

⑤手提げ紐、名札、反射テープ（これは日曜大工の店などに売っていて、私が見

たのは、赤・黄・グレイなどで、二・五センチ×一メートルで切って使え、裏に接着剤がついている。光が当たると光る。約五百円）は実際に役に立つのであったほうがよい。

⑥買うときには、地方自治体の福祉用具の展示場や、具体的に相談に乗ってくれるところで話を聞いたり、介護保険で認定されている人は、自分の担当になっているケアマネジャーにも相談してみよう。

私もそうだったが、体に不自由を感じない頃は、年をとった時のためにおしゃれなものを買っておこうと思いがちだが、いざ使う段になると、まずは実用的で信頼できることが大切である。

たとえば、消費生活用製品安全法による認定基準に合格している印のＳＧマークがついているものの中から選ぶとか、製造業者名が付いているもの、取扱い説明書があるものなどが望ましい。

タイプは、一本のもの、折り畳めるもの、木製、アルミニウム製などがある。

軽いことを考えるのならアルミ製がよいだろうし、使用目的に合わせて、折り畳めるもののほうがよい人もある。

朝日新聞（98年8月30日朝刊）に出ていた、東京医科歯科大学付属病院の理学療法士・磯崎弘司さんの記事によると、杖が必要かどうかはもちろん人によるが、一人で立つことができて、足踏みもできるのなら、杖は不要とある。それが、足踏みはなんとかできるが少しぐらつく、という状態になったら、一本杖を使うのがよいそうだ。

私も自分の経験からいうと、立ってそのまま止まっているのは楽ではないが、歩き始めるとつらくないし、ふらつきも少ない。それよりも、杖なしで苦しくない範囲で速足で歩くほうが気持ちがいいし、体をまっすぐ伸ばすことができる。つまり私の状態では、リハビリを考えると杖なしで歩くほうがよいし、現実に、以前より姿勢も直ってきて、歩くのも速くなってきた。

磯崎さんによると、足踏みをしてみるとはっきりふらつく、という状態なら、多点杖（四点とか五点、地面につく）やロフストランドクラッチ（左図）が必要という。

他の人から聞いたのであるが、多点杖の場合は、バリアが一切ない自分の家とか病院内はよいが、外出に使うのは、危険であるという。たとえば、四点が全部同じ平面に接地すればよいが、一点でも平面についていないとぐらついてしまうので、段差の多いところを歩くのには一本杖のほうが安全である。

その点、ロフストランドクラッチというのは、自分の腕を固定する「カフ」とグリップがあるので、腕力の無くなってきている人に向くそうだ。その上、グリップを握っている手を離しても杖は倒れず、離れないし、手先は別のものを握ったりすることもできて、杖のやり場に困ることが少ない。

重さも、やたらに軽いのがいいわけではなく、五〇〇～六〇〇グラムぐらいあっても不自由を感じないと、磯崎さんは書いている。

他にもいろいろな人に話を聞いたが、みんな口を揃えて、自己判断はよくないという。

最近は地域にも福祉用具の展示場があったりするし、リハビリテーションの専門

▲ロフストランドクラッチ。「カフ」があるので手をグリップから離しても杖が落ちない（右図）。

病院や整形外科も、大きな病院を探せばある。

専門家に必ず相談し、体の状態にあった杖を選び、使い方も、長さを決めるのも、相談したほうがよい。そして、足腰が弱ってもこわがらずに、どんどん外出しようではないか。

温水プールに通う・水着を買う

私は、もともとスポーツ好きではない。けれども水泳は、ゆっくり泳げば全身運動になるし、体の特定の部分に無理がかからないので高齢になってからも続けられるといわれて、五十歳過ぎてから少しずつ始めた。その頃は、平泳ぎでやっと二五メートル泳げる程度だった。

腰を痛めて、少し歩けるようになってから、水中歩行がよいといわれて、おそるおそるプールの端の方を歩き始めた。それから十年近くたった。

プールに行った日は、「運動をした」という実感があって、夜も深く眠れる。一緒に行ってくれた友人と、また行こうと約束するのだが、なかなか週に二回は行けない。

けれどもそのうちに、夫もやっと一緒に行ってくれるようになって、週に二回行くようになった。一回のスケジュールは、水の中に四十分。まず水中歩行を二十分して、その後クロールのまねごとをする、というのが、ひと頃の私の定番のメニューだった。

水中でどんな運動をするべきかとか、水泳にはどんな価値があるか、ということは、私は専門家ではないから正確には言えないが、自分で実際にやってみて、いろいろなよい効果があることは実感する。

水の中では浮力が働いて、体重が足にかからないので、膝の痛みのある人には特によいそうだ。歩いても、泳いでも、水の中で動くと水がぶつかってくるので、皮膚がポッポと熱くなるし、前向きで歩こうとすると水の抵抗が大きく、楽には進めない。だが一か所だけが押されるわけではないので、力は必要だが、私のようなものでも腰の弱いところが痛くならない。

ともかく、近くに水泳プールがあって、利用できる人は、試してみることを勧めたい。

私の経験では、冬、風邪をひかなくなったような気がする。また、テレビの特集番組で、水中運動は、たとえ特別な運動をしなくても体脂肪が減り、全身の筋肉が強くなるとあった。

さて五、六十歳になってプールに通い始めると、水着を買わなくてはならない。そのときに、派手すぎるのはいやだが、学生のように紺一色もちょっと、と考える。今使えるものを持っていない人は、何に気をつけて買ったらいいか迷ってしまう。

買う前には、女性はまず色・柄《がら》を考えるだろうが、実際にプールに行ってみると、年寄りだからと地味にする必要はまったくない。水に入れば何を着ているかなどは見えないし、逆に、泳ぎが上手ではない人は、万一おぼれた場合も考えて、派手で目立つものを買った方がよいと思う。その場合、青や白は水の中に入ると見えにくくなるので、赤、オレンジ、黄色などがよい。

そうとうに派手な柄でも、水泳帽（これは義務づけられているところが多い）をかぶるし、水中眼鏡をかけるので年齢不詳である。

それよりは、体にぴったり合うほうがいいのか、それともあまり締めつけないほうがいいのか、という点のほうが大切である。

実際に売り場に行ってみると、夏のシーズンでなくても、種類多く並んでいる。

何をどう選べばいいか迷うところだが、西武の商品科学研究所のテスト・キッチンの研究員の人たちが、六社六商品を五人の人に実際に使ってもらった結果を、一九九八年三月に発表し、そのデータに基づいて、具体的な提案をしている。

一番大事なことは、購入する前に、まず第一に目的をよく考え、ファッション性よりは、着心地を考えることだという。

さて、実際にもよりのデパートやスポーツ用品店に行ってみると、意外に相談に乗ってくれる人が少ないので、選ぶ基準を持って行ったほうがよいという。恥ずかしがらずに申し出て、何着も試着してみる。女どうし、誰か一緒に行ってくれる友人がいれば一番よい。

いくら健康のためだけだから……と思う人でも、ある程度は体型を補整して着たいと思うだろうし、私のように、着心地はある程度ゆったりしていてほしいが、バストだけは少し押し上げ気味にしたい、という人もいるだろう。簡単にこれがよい、と断定は難しい。

私の経験では、肩紐が落ちてくるのはいやだし、かといって、やたらに肌を隠すことだけを考えるのは、かえってよくない。たとえば、大きめのものを買って、肩のところでダーツを取ったり、縫い込んだりなどはしないほうがよい。

ともかく試着してみて、あまり強い締めつけはないほうがよいが、水の中では体も締まり気味になり、水着も濡れるとゆるくなるので、苦しくない程度にぴったりと体に合ったもののほうがよい。

商品科学研でテストをした人たちは、やはり視覚的にほっそり見えるものを求めており、ややきつめのものを選ぶ傾向があるが、脱ぎ着のとき多少手間どっても、着てしまってからあまり締めつけていないのなら、それでよいという。

そのテストの結果でも、泳ぎやすいのは、伸縮性のある生地のもの、肩紐が外に広がらないもの、背中の開きは小さくとも、胸の前ぐりはある程度美しく体に添うもの、そして足ぐりは前に深めで、ヒップをしっかり包みこむ形がよい、と言っている。

私の意見としては、試着をさせてくれないところのものは、残念だが止めたほうがよい。

いま水中リハビリの指導をしてもらっている先生によると、プールでの運動中にトイレに行きたくなった時、脱ぎ着に楽なように、前開きとか、セパレーツがよいと言われた。

セパレーツの場合は上着丈が長めのものを買ったほうがよい。

ワンピースタイプでも、前がジッパーとか、背中のくりがU字タイプのほうが、脱ぎ着のとき楽である。

肩紐は、できれば、細いひもよりも、幅のあるものがよい。

冬場に寒くないようにと、袖のあるものを選ぶ人がいるが、濡れて、水から出ていると、逆に肩が冷えるともいわれた。

もちろん、歩くか、立って運動するだけの人と、泳ぐ場合は違う。私は足の付け根が見えない、腿の途中まであるタイプを使っているが、高齢者としては、このほうがよいように思う。

ともかく、運動ぎらいな人でも思いきって温水プールに行ってみると、最近はリハビリ目的で一人で来ている人が多くいるので、また来ようという気になるだろう。

ウォーキングのための靴を選ぶ

歩くことがシニアにとって一番の健康維持の手段、といわれているが、そのときに履く靴は何を基準に選ぶとよいのであろう。

足の大きさ、形、歩くくせ、すべて一人ずつ違うわけだから、友人が推薦する靴が自分に合うとは限らない。

それに、誰でも経験していると思うが、見た目に歩きよさそうなのでその店の中で履いて歩いてみて、まあいいか、と思って買って来たものの、いよいよ実際に歩いてみると、思わぬところが当たったり、どうも歩き心地が悪く、結局あまり使わずにげた箱に並べるだけということもよくある。

だが反対に、すばらしく履きやすい靴にめぐりあって健康をとりもどした、という話もある。

近所に住む私より三つ四つ年上のHさんが、あるとき、足の付け根あたりが痛いとこぼしていて、いくつかの病院やら、整体などの先生の所へ治療に通っていると言っていた。

それが半年ぐらい続いたあるとき、とてもよいといわれる靴屋を誰かに紹介されて、少々高価であったが注文して靴を作ってもらったという。その靴を履いているうちに、その痛みはすっかり治ってしまったとか。

その靴屋は、ドイツ健康靴の店、シューズシムラ（電話：03-3309-1774　東京都世田谷区南烏山五―十二―四）である。誰にでも合うとは限らないが、興味のある方は行ってみるといいと思う。

私の場合は足のサイズが大きいので、腰が痛くなる前から、足に合う靴を探していつも苦労していた。だから、海外に行くと、他のものは探さなくても靴だけは見て、実際に履いてみて、よいと思うものを買ってきていた。

特に腰を痛めてからは、かかとが低いだけでなく、滑らないように凹凸が多い底で、前は紐で結ぶものを探し、同じデザインのものでも足の幅と長さを変えて出してもらい、履いてみるだけでなく店の中を大股で歩いたりして、充分に試してから購入していた。

それでも、買ったあと実際に使い始めると、大部分の靴は微妙に合わなくて、げた箱に並べてはあるが、近距離を歩くときにしか使わなくなっている。

ところが数年前、カナダに一か月ぐらい滞在していた頃、散歩の帰りによく立ち寄るカフェテリアがあった。そこで、そうとう体重のある大柄のウエイトレスが、いつ見てもはきよさそうな、中年向きのデザインの、紐で結ぶタイプの靴を履いていた。

あるとき思い切って、彼女に聞いてみた。すると、にっこりしながら、その靴を買ったところを教えてくれた。私はさっそく行ってみた。

よく見ると私が持っている靴に似ているのに、店の人が出してくれたその型の靴は、即座に吸いつくように足に合う。

買ってすぐに歩いてみると、前から持っているものとはなんとなく違っていて、いくら歩いても、特定の場所が締めつけられるとか、どこかがすれるということがない。

聞いてよかった、と思った。

けれども、驚くというか、感心したのは、値段が高いことであった。以前に似たようなものを買ったときの二〜三倍ぐらいした。

そんなに高い給料をもらっているわけではないだろうに、あのウエイトレスはいつもその値段の靴を履いていたわけである。欧米の人は靴が大切なことを知っているのだ、と感心したことだった。

高いものがすべていいとは思わないが、本当にいいと思ったら、少々高いのはしかたがない。

では、どういう靴が、ウォーキング用に向くのだろうか。

「日本歩け歩け協会」と共同で「ミズノ」というスポーツ用品の専門メーカーが開発した靴は、ぬれた路面でも靴底が滑らず、グリップ性（底が地面に吸いつくような感じ）がよいそうである。そのために、靴底に古タイヤをチップ状に細かく粉砕してまぜたそうだ。

それを紹介した新聞の記事によると、ジョギングシューズとウォーキングシューズの違いは、底の硬さにあるそうである。

ジョギングの場合は柔らかい方が衝撃を吸収してよいが、ウォーキング、つまり一〇キロ、二〇キロと歩く人にとっては、距離が長くなるほど、靴底の柔らかさがかえって足を疲れさせることになる、とその記事にあった。したがってウォーキングの場合は、適度の硬さと屈曲性があるほうが歩きやすいと言う。

商品科学研究所が六十歳以上の女性七名のモニターによる実験結果を使って一九九八年三月に発表した研究結果によると、ウォーキングシューズはまず、靴底が滑りにくくて比較的厚く、そして購入のときに店の専門家にアドバイスしてもらって選ぶのがよいという。そして、ウォーキング用の厚めの靴下を履き、歩幅を大きくとって歩いてみる。そのとき、かかとがついてくる感じで、靴の中で滑らないかどうか確かめること、と記されていた。

マジックテープは着脱には便利に見えるが、ひも靴の方がフィット性がよい、という。

けれどもこれは、まあまあ一人で歩ける人の場合である。今まで長く寝ていたとか、いろいろな理由で足の甲や底がはれ上がったりしている人が少しでも外を歩こうと思ったら、軽くて、柔らかくて、けれども、そこそこ底がしっかりしているものので、となると、普通の靴では合わない。

銀ちゃん便利堂編『老人が使いやすい道具案内』（推薦図書＊5）には、そういう人がはきやすい靴として、マジックテープを使ったり、生地が伸び縮みして足の形に合わせてくれる靴、などが紹介されている。最近は、靴についての相談に乗ってくれるシュー・フィッターという職業の人もいる。買うときに、足のくせや弱いところを話して、長く履いても痛くならないものを、一足は持っておこう。

靴の中敷を替えることで、歩くとき足の裏や指が痛む人が楽に歩けたり、膝や腰の痛みまで改善される場合もあるらしい。そういう中敷も売っているようだし*、大きい病院にある整形外科の中には、靴の中敷を調整してくれる理学療法士までいる。

歩くためには、足が大切である。まだ納得できる靴に出会っていない人は、いろいろ試して自分の足に合う靴を探す努力を勧めたい。


二〇〇三年一月に発行された本『高齢者・障害者の生活をささえる福祉機器II　立ち座り　歩行　靴　車いす　電動三・四輪車』（推薦図書＊1-II）の靴の章は、四二頁にわたって、足の運動、靴の選び方（骨の障害や病気との関連もふくめて）、高齢者や障害を持つ人に合う靴を紹介している。もちろん、ドイツ製などの輸入品も含まれている。シュー・フィッターのいる店、足の障害に対する取り組みをしている店なども紹介している。

参考資料として紹介されている店のリストには、数は少ないが、北海道から九州までのものもあるので、見てみてはどうだろうか。

＊東京の銀座にあるワシントン靴店本店の中にある、フットケア・コンフォートセ

ンター（電話：03-3572-3331）では、足に合った靴が見つからないとか、外反母趾などの足にトラブルのある人のためのバランス矯正中敷のオーダーを受けている。必ず電話で予約をして行くこと。費用は一万八千円から、内容によっては六万円くらいまでとのことである。

骨粗鬆症といわれたら

実は私も、六十歳直前のころ、骨密度を測る機会があったとき、その専門医に、「あなたの骨の状態は、八十歳近いぐらいにもろくなっています」と言われてしまった。その後、ホルモン療法やら漢方薬やら、あちらこちらの医者に相談しながら、いろいろな薬を飲んだ。運動についても、骨を強くすると思われるジョギング、ヨーガ、気功などをしてみたが、あまり効果はなかった。

六十四歳のとき、海外へのツアーで、長時間、飛行機の座席に坐ったままでいて、ひどい腰痛が始まった。帰国して病院に行ったが、整形外科医によると、腰椎がつぶれたり欠けたりしているという。

ひどい痛みで、長い時間をかけなければ寝返りすら出来ないときがあった。やっとのことで体を起こし、整形外科の専門病院や、カイロプラクティック、鍼《はり》、指圧なども含めていろいろな治療を受けたが、私の骨の状況にぴったりくるものはなかった。

整形外科では、コルセットを注文するように言われて、それが出来上がってから、専門医に締めてもらったが、帰宅したときには、その痛みに耐えられず、すぐにはずして、それで終わりであった。

その後、友人に勧められて、私には、晒《さら》し布を妊婦のように自分なりに巻くのが、最も適していることを発見した。その後、最初の二年間ぐらいは、電車に乗るような外出のとき以外は、昼間も晒し布を巻いていた。十年経った今も、就寝時はそれを巻き、昼間は、パンツ型の柔らかいゴム製のコルセットを重ねて付けている。

国民生活センターが出している「高齢者の骨折事故」（96年9月5日）のレポートに、一九九二年から六年までの四年間に起こった事故についての病院からの情報をまとめてあった。六十五歳以上では、骨折事故の件数が女性が男性のほぼ倍以上だそうだ。

一つには、女性が長生きであったり、あるいは私のように、更年期を過ぎると骨がもろくなってくる人が多いこともあるだろう。

具体的には、六十五歳以上の人の骨折の起こる割合は、階段が最も多く、次が道路で、すべったり転んだりが原因。第三位が、自分の住まいの床で、という結果が出ていた。

どこを骨折するかというと、大腿部と下腿部が多いとか。それに続いて胸部、そして上腕、肩、前腕の順となっている。

骨折が起こるような転倒のきっかけとしては、滑る、つまずきなどの原因が多いそうだ。

家の中で起こる滑りの一番の原因は、畳の上などに置かれている新聞の上を歩くこと。フローリングの床に油やワックスが塗ってあるとか、カーペットの上にナイロンの袋が置かれていたのを踏んで、というのもよくあるケース、とあった。

このように、転倒が起こる原因を読んでみると、こんなことはじつは若いときにも起こっているはずである。だがその場合、転びそうになってもとっさに体のバランスをとるし、さらに、転んでも「痛い」というだけで骨折にまでいかないですむ。けれども高齢になってくると、運動神経が鈍ってくる、骨が弱ってくるなどが原因で、ちょっとしたことでも骨折しやすくなっている。

私の場合、三か月ほとんど寝たきりで苦しんだおかげで、ここで万一、滑ったり転んだりしたら、もっと痛くなるだけでなく、自分一人で歩くことも、もしかしたら起き上がることさえ不可能になるかもしれないという強い実感がある。だから、腰痛のひどい痛みが治り始め、やっと家の前をゆっくり数メートル歩けるようになったときから、一歩一歩、慎重に歩くようになった。他人からどう思われても、迷惑を大きくかけないかぎり、私は具合が悪いので、どうぞ私に触らないで、押さないで、ということが他の人にもわかるように振るまっている。

私が心がけているのは次のようなことである。

(1)靴は、滑らない、長くはいていても疲れない、痛くならないものだけを履く（前項参照）。

(2)歩き方に気をつける。足を踏み出すところをよく見て、少しでも危ない場所では、必ず手でどこかにつかまる。常に、ここで滑るかもしれない、と用心する。

(3)踏み切りや信号では駆け出さない。次を待つ。

(4)人込みに入ったときは、手を後ろに回したり、手の平を前に向けて警告するようなしぐさをする。人を近づけないようにするわけである。

(5)大きな通りの歩道部分には自転車が入ってくる。十歩あるいては後ろを振り向くぐらい警戒して歩く。

(6)電車に乗るときなど、人に体を触られそうになると、大きな声で「スミマセン」「ゴメンナサイ」「押サナイデ」と言うくせをつけておく。
(7)電車など、乗りものではまず何かにつかまり、そしてシルバーシートで頭を下げて席をゆずってもらう。
(8)家の中では、電話はもちろん訪問者のブザーなど、とっさのとき「あわてて」ということは絶対にしないように気をつけている。

迷ったのは、わが家の階段のじゅうたんの角がすれてきているところに、滑り止めを取りつけるかどうか、ということである。新聞や雑誌によると、それも滑る原因になるとか、滑り止めなどを新しく取りつけると、それが逆につまずく原因になる、とか言われている。

わが家ではいろいろ考えて結局はつけない方を選んだが、そんなふうに家の中から転ぶ原因を取り除くことは大事である。

と同時に、ともかく滑りそうな、つまずきそうなところでは、それを意識して、手で、膝で、目で、自然に身体がそれに備えるように、日頃から心がけるようにしている。

それとともに、一日七千歩は歩くようにしている。雨が降っても身支度をよくし、靴も滑らない、ぬれないものを履いて出る。また、外出のとき、荷物は極力少なくしている。具体的には全部で五〇〇グラム以下にと心がけている。

もちろん、疲れ過ぎはよくないので、近所を歩くことはしても、外出する予定は詰めないようにする。遠い場所へ行く用件は一日置きを原則にと考えている。

骨粗鬆症にならないためには食べものは非常に大切だが、最近よく知られてきた事実に、大豆イソフラボンの効用がある。

きっかけは、一九九九年四月二十一日放送のNHKテレビ「ためしてガッテン」。それによると、ある六十五歳の看護師さんが、毎月自分の骨密度を測っていた。ところが、二年ぐらい前から、これまで少しずつ減っていた密度が、なんとまた増え始めたとか。

いろいろ調べた結果、大豆の芽に含まれている天然成分イソフラボンが、じつは分子構造が女性ホルモンに近く、女性ホルモンと似た作用があって、骨の密度を上げる働きがあるらしい、とわかってきた、という。

これまでは、骨を強く保っていくために食べものは大切だとはいえ、一度スカスカに弱くなった骨の密度は、現状維持がやっとで、増やすことはまず難しいといわれていた。ただ一つ、女性ホルモンを特別に体に入れることが、骨密度を増やす可能性を高めるということはわかっていたが、ホルモン剤を人工的に取ることは、他の面で身体のバランスを崩すのでは、という心配があった。

その看護師さんは、家族の状況が変わって三度の食事に大豆が急に増えたことが原因ではないかと考えて調べたらしい。平安時代の大部な医学書『医心方』(槇佐知子訳、筑摩書房刊)の中にも、大豆が骨量を増やすという記述があるそうだ。

いずれにせよ、大豆・ごまなどは体によい食物である。そして、大豆を食べるだけでなく、年齢に合った運動、たとえば速歩きなどを並行して行なうことが大切なことは言うまでもない。

二〇〇四年三月、知人から強く言われて、東京都江東高齢者医療センター(電話:03-5632-3111)にある整形外科の中の骨粗鬆症専門の医者に診察を受ける機会があった。

その医者は、基本的には薬をいろいろと飲むことは勧めないが、私の骨密度が異常に少ないので、一種類だけ骨を強くする薬を試すように言われた。それとともに、日常生活の注意として、たっぷりの睡眠、お米を主食にしたバランスのとれた食事、そして適切な毎日の運動と、適度に太陽にあたるということを指示され、私の運動に関する生活の中身を聞いてくださって、それでよいと言われた。そして、できるだけ、背中を真っ直ぐにすることも指示された。

私も、いっそう食事に気をつけて、運動も続けて、もう二度とあんな痛い思いはしたくないと思っている。

外出のときに持つバッグと小物類

若い頃はいろいろなバッグを使っていた人も、年を重ねるにつれて、軽いものが欲しくなってくる。それとともに、切符やメモ、小さめの財布だけはすぐ出せて、その上、口から簡単に何かがこぼれ落ちたりしないことが望ましい。

私も腰を痛めてから、大きいバッグはいっさい使わず、ほとんど軽いリュックサック一つですませている。言うまでもないが、リュックは両手が空けられるので、私のような年寄りには安全だし、荷物全体の重さが両肩に分散するので、体にも悪くないと思う。

私のリュックは現在のところ、ビニール製の黒で、中に小さなサイドバッグがくさりで留めてある。そこに小銭入れなど入れておくと、そのくさりをたぐり寄せれば、奥の方を探さなくてすむ。ビニール製なので、雨が降っても、中まで水は入らない。柔らかでプリーツになっていて、重さはたった一〇〇グラムである。

若い人でも、外出中に荷物の置き忘れをすることがあるが、年をとると、そんなときの精神的なショックは特に大きい。外出中に持つバッグ類はできるだけ一つにするようにした方がいい。

体が特別悪くなくても、重いものを長く持つのはよくない。これまで使っていたものでも、バッグそのものが重く、大きなものは、使うのをやめるようにしよう。どうしても荷物が増えそうな人は、布製の小さく畳める袋を一枚入れておくとよい。

さらに重い荷物を持つ場合は、キャリアー（車つきで引っぱって歩けるもの）を使おう。だが私自身は、これは姿勢に無理があるのと、階段などでは持ち上げなくてはならないので使っていない。使わないと決めれば、なんとか使わずにすむものである。重い本を何冊も持つとか、誰かに何かをあげたいなど、いろいろな場合はあるだろうが、持たない、と決めればそれですむ。

それよりも、若いときには必要を感じなかったもので、外出のとき、必ず持って出るもの、あった方が好ましいものがいろいろある。

まず、鉛筆つきの手帳。

毎日の予定を書ける欄があるもの。私のものは、赤で六・五センチ×一〇・五センチの比較的小さなものである。

これに、自分の住所と何かのときの連絡先の電話番号を二つ三つ書いておく。一つは身内、一つは近所の友人で比較的家にいることの多い人に頼んでおいて、それを書いておく。もちろん、それとは別に住所録の欄には友人・知人・身内・いくつかの喫茶店の電話番号も書いておく。

それとともにその手帳には、外で気がついたことを何でもメモする。また、買いもののリストや、今日、明日にする予定など、何でもメモして、それを見ながら行動できるようにする。だから、この手帳は、家の中でも置き場所を決め、外出のときは、必ず持って出る。

次に財布。このごろの財布は、銀行やデパートなどのカードがはさめるようになっているが、外出のとき持って出るお金を確かめるときに、その日に使わないカードは持って歩かないように気をつけよう。

最近は、家の鍵を財布に入れている人も多いと思うが、だからこそ、住所の紙は入れず、電話番号だけにしておく。そうしないと、もしも財布を盗られたときに、泥棒に入られる危険がある。

加えて化粧バッグや携帯電話を持つ人も多いかと思うが、その他に、バンドエイド・安全ピン・寒いときに使えるなるべく軽いショールやスカーフ（これは冬に限らず、夏でも、冷房が強すぎるときに役に立つ）。また私は、秋から春の終わり頃まで、小さなふたつきのケースにハンドクリームを入れて持っている。

これらの小物は小さなジッパーつきの軽い袋に入れて、化粧ポーチに入れる。イヤリングや小さなネックレスなども、最初から身につけずに持って出ることもある。

こうしたものは、家を出る時に忘れないように、玄関のげた箱の上に置いた写真立ての裏に、「忘れものリスト」と「出かける前チェック」の紙をはさんでおいて、確認するとよい。

ハンカチーフ、ティッシュ、小さな本まで入れて、私の場合は、全部で五〇〇グラム。皆さんの場合はどうですか？

財布を失くしてもあわてないために

「財布をトイレの中に忘れた」と思ってひどくうろたえたことがある。

ある日、外出するとき、最寄り駅に三十分ほど早く到着したので、駅前のファーストフードの店に立ち寄り、コーヒーを飲んだ。そこを出る前に、電車賃を用意して机の上に置き、コートを着る前にふと気がついて、トイレに行こうと思った。荷物とコートを机の上に置き、ふと心配になって財布だけを手に持ってトイレに行った。席に戻って、コートの下に隠して置いてあった電車賃を片手に握り、駅に行き、ちょうど入ってきた電車に飛び乗った。動き始めたとたんに、財布をトイレの棚から持ってこなかったような気がした。

日頃、私はリュックサック一つを持っているだけなので、あわてて手さぐりで財布を探した。トイレに置いてきたように思いこんでいるので、手さぐりで探しても見つからない。

近いひと駅なのに、ひどく長くかかった気がした。頭の中は真っ白になる。駅の人に話して外に出て、その店に戻ったが、財布はどこにもない。財布なしでは外出もできないし、ともかく、急いで家に帰った。まずはリュックの中を全部出して——なんとその底から私の財布が出てきた。まったく、馬鹿なことをしたものだ。

けれどもそれまでの一時間ぐらいの間に、もしも財布を誰かに盗まれたとすると、どういう問題があるのか、必死になって考えた。

まず、入っている現金は、自分が悪いのでそれだけは盗られてもしかたがない。たまたま銀行のカードを入れてあったのを思い出した。けれども、暗証番号はどこにも書いてないので、銀行に連絡をするのはあわてなくてもいい。

デパートのカード。これはサインだけだし、サインといってもその場で照合するものではない。誰かが盗って、デパートに直行すれば、何十万円かは、使われてしまうかもしれない。それに、なんとクレジットカードも一枚入っていた。これも私はレストランぐらいでしか使わないが、たいていの場合、店の人はサインを照合などしていない。規約を読んだことはないが、たしかキャッシングもできたのではないか。

その上、財布には家の鍵と一緒に、家の住所が載っている名刺まで入れてあった。住所と鍵と両方一緒に盗られれば、いつか、泥棒が家に入ってくる可能性だってある。

財布が見つかるまでの間、胸はどきどき、唇は乾き、自分に「落ちついて」と言い聞かせていた。幸いに、今回は私があわてただけのことだったが、この体験のおかげで、こうしたことが、これから起こってもパニックにならないように、次のような用意をした。

①財布の中でなく、日頃持ち歩く手帳に、クレジットカード、デパートのカードの紛失時の連絡電話番号、それぞれのカードナンバー（暗証番号ではない）を書いた。

②財布には鍵は入れるが、それとともに、カードと同じぐらいの大きさの紙に、以下のように書いて入れておく。住所は書かない。名刺も入れない。

南　和子
緊急時には、左記へご一報下さい。
娘、○○子　電話○○○○

友人
Aさん　電話——○○○○
Bさん　電話——○○○○

事件のおかげで、これから起こり得る事態に備えることができたと、今は思っている。

年をとってからデパートやクレジットのカードを持って歩く場合、帰宅してから、いつも保管しておく場所に直ちに戻すことを厳格に守ろう。いつのまにかどこへ置いたかわからなくならないように気をつけた方がよい。

それとともに、私のように、万一、紛失したり盗られたときにあわてないように、連絡方法をしっかり、用意しておくようにしよう。

7 年をとっても明るく暮そう

気軽にお昼に人を招こう

今から二、三十年ぐらい前、子供の育ち盛りの頃には、家の広さを超えるぐらいの大勢の人を、月に二、三回は招いていた。

ホームパーティの盛んなカナダに三年間住んだ影響もおおいにあるが、そうやって何度も招いていると、労力もお金もあまりかけずに人をたくさん招く楽しさ、気軽さだけは身についてきた。

そんな生活を続けた後、腰を痛めてほとんど家事ができなくても、声をかければ人が家にきてくれるだろうと、冗談めかして、

「腰痛は伝染病ではないから来て」

と、見舞いの電話があったときなどにそう言ってみた。

そう言うと、日頃、フルタイムで働いている上に残業も多いような友人でさえ、

「いいわ。何を買って行きましょうか」

と言って、貴重な休暇まで取って来てくれた。

「簡単な食事で声をかけて下さると、気持ちがリラックスするわ」

と、昼前に来て、夕方、暗くなりかけるまで、私の夫も交えてのおしゃべりを続けて帰る人もいた。

おかげで、病人である私しか相手がいない夫も、そういう私の友人と楽しい時間を過ごした後は、いつもより明るい顔をして、おしゃべりもはずむことが多かった。

その延長線で、特別の用意は何もしていなくとも、ちょっとした機会をとらえて、「お昼を食べに来てよ」とよく誘うようになり、それが今も続いている。

ときには、豚汁と夫がよく混ぜて手入れをしてくれているぬかみそ漬、それにごはんしかないようなこともしばしばある。

その上、家の中がどんなに乱雑になっていても、食卓の上の物だけを別のサイドテーブルに移して、玄関にちょっと来た人も、「ちょっとだけ」と家に招き入れる。

その人が坐ってから、あわてずに、

「この前、外国の友人からもらったコーヒーがとてもおいしいけれど、それがいい？　それとも日本茶がいいかしら」

と、その人の希望を聞きながら少しずつ用意する。

もちろん、二階で何かしていた夫にも声をかける。夫もこの頃はわかってくれて、たとえ自分のしたいことに熱中していても必ず下りてきて、それまで会ったことのない人ともにこやかに同じテーブルに坐ってくれる。

年をとったらなおのこと、部屋の片づけもままならないとか、つれあいが家にいると客の方も落ちつかないなど、言いわけみたいなことを並べず、家に人を入れてしまおう。そうすると、少しはきれいに暮そうと努力もするし、花一つ飾るのにも張り合いが出る。

昔の日本の家は、にわとりなどが歩き回っている、作業場も兼ねた庭の前の縁側で、年寄りが日向ぼっこしつつ、通りかかる村人を呼びとめたりして、漬け物とお茶を楽しむ、というのが当たり前だったのだ。

そうやって、多くの人が入れかわりたちかわり出入りしてくれれば、お互いの助け合いも自然にできるようになる。

こうやって家に人に来てもらったり、いろいろな人とつきあうためには、上等なお菓子がなければ……ということは必要ない。

それよりも大切なのは、楽しくおしゃべりができるかどうかであろう。

人の噂話や悪口を言わない、などは言うまでもないが、「その人と会うと楽しい」と、友人に思ってもらえるためにはどうしたらよいのだろう。

そこで思い出すのが、対照的な二人の友人のことだ。

時折、カナダを訪ねると、昔、仲よくしていた友人が、お互いに年をとっても喜んで迎えてくれ、滞在中つきあってくれる。みんな気のいい人たちなのだが、年を重ねてくると、少しずつ変わってくるところがある。その中でもAさんとBさんは、きわめて対照的である。

Aさんの方は、私たちのどちらかが話している間、人の話をけっしてさえぎらず、おかしい話には笑いながら、よく聴いている。そして彼女が話す番になると、私たちが興味を持ちそうな話題をおだやかに話しだす。それも長ったらしくない。

「Aさんって、性格もやさしいのだろうけれど、話していると静かな気持ちになるね」

と、夫が言ったことがある。

それに対して、Bさんは、電話で、

「明日のお昼ごはんのとき、車で十二時に玄関まで迎えに行くわ」

やさしく考えてくれているのはわかるのだが、そのあとに何度も細かいことを繰り返すので、聞いている方がうんざりしてくる。また、会って話していると、彼女の夫と私の夫が何かについて話していても、すぐに横から割りこんできて話題をずらしてしまい、その上、その話が長いのである。

こういう友人を見るにつけ、私もけっして話し上手ではないので、家に来てくれる友人の中で、好感の持てる人のコツを盗むようにしている。それとともに、ふと気づいたとき、話す時間のバランスを心がけて、少々無口な人にも水を向けるように心がけている。

特に、二十代、三十代の明るい人と話していると、楽しい話し方に元気づけられるし、話題も年寄りには新鮮である。

そういう人たちとできるだけ話がしたいと思っているので、チャンスを作って、いろいろな人とつきあってもらえるように、反省したり、努力したりしているつもりである。

年をとると声にも少しずつつやがなくなり、響きが悪くなりがちである。それを考えても、少しでも日ごろ声を出していると、老化が防げるように思う。

また、人と会って、たわいのないことで声を出して笑うのは、健康上もよいと聞いた。

これも、自分の努力でできるようになることである。明るく、明るくと心がけて、少しでも楽しい時間を過ごすようにしよう。

カーテンを替えて華やかに

時折、家に来て掃除を手伝ってくれる女性に、

「お宅はよくカーテンを洗いますね」

と言われたことがある。

わが家のリビングとパソコンのある仕事部屋のカーテンは、カナダに行ったときにボーダー柄のシーツを買ってきて、三方は手を加えず、他の一辺だけで長さや折りこみを調整して、そこにカーテンフックを引っかけられるように縫って作ったものである。窓の幅を考えて、キングサイズからシングル用と、幅の違うものをそれぞれ買ってきた。

今、私たちのLD（居間兼食堂）には、全面バラの花が華やかに描かれている明るいカーテンが掛かっている。本来はシーツなので、洗濯をして、半乾きで引っか

ければ、アイロンも必要ない。一年に二回洗っても、労力もコストもたいしたことはない。

三面が大きな窓なので、そのカーテンのおかげで明るく、インテリアはそれで決まってしまう。あとは、壁になっているところに、思い出の写真と、今のところは、ベニスに行ったとき買った小さな水彩画がかかっている。

その反対側の窓には、一二〇センチ幅のつくりつけのガラス戸棚があり、白いペンキは十年に一度ぐらい塗り替えてもらう。その中に英国式のボーンチャイナのクラシックな紅茶やコーヒーカップが二十客ぐらい並んでいる。カナダから帰国するとき友人からお別れにもらったものなど、一つずつ柄も色も違う。数人の客が来ると、リビングに招じ入れ、このカップの中から一つを選んでもらって紅茶やコーヒーを入れる。そうすると、お菓子はチョコレートぐらいでも、なんとなく華やかなもてなしとなる。

もちろん、食卓にも花いっぱいのクロスが掛けてある。これも、ポリエステル混紡なので気軽に洗濯機で洗えばよいし、布いっぱい草花で溢れているので、しみも目立たない。

あらかじめ来客の予定があるときは、白地に大きなばらの花をちらした柄物のクロスに替える。以前は白やベージュの織り模様だけのものを使っていたが、夫と私の年寄り二人になってから、ともかく部屋を明るくするよう心掛けている。

壁に掛ける額縁の中身は、たとえカレンダーの絵でも、時折替えるようにしている。

また、孫や外国人の友人から、誕生日や、父・母の日などにきれいなカードが送られてくると、それをテレビの上に並べている。

新聞は、薄型のケースを暖房機の横に置いて、読んでいないときは必ずそこに差し込み、入りきらないものは、できるだけ早くリビングルームから追い出す。

それ以外の郵便物などで、とかく部屋は散らかるが、あまり神経質には片づけない。ともかく明るいカーテン・美しい柄のコーヒーカップが並ぶ食器棚・テーブルクロスがあれば、急に招き入れた友人も、

「明るく、きれいにしていらっしゃいますね」

と言ってくれる。

ちょっとしたくふうで気分が明るくなるのだから、手のかからないインテリアを考えて、気軽に友人を招き入れよう。

パソコンは高齢者の友だち

私と同世代の友人の状況を見ていると、電子機器というか、パソコンなどに対しての考え方が大きく二つに分かれる。

消極的な人は、パソコンどころか電話機でさえ、大昔の黒いダイヤル式のものを使っている。これは、必ずしも経済的に苦しいというような問題ではないようだ。

東京で家庭を持ちオフィス勤めをしている友人は、地方に住む母親のことを心配しているのだが、生活時間が違うので、なかなかお互いに連絡が取れないとこぼしていた。

「せめて留守番電話機能のついたものか、ファックスが送れるものならば助かるのだが」と、言う。

これは、地方に住んでいるから、というだけでなく、高齢者だけで住んでいる人たちの場合は、とかくそういうことが多い。手紙など書かない、子供や若い世代とのコミュニケーションがますます悪くなる理由の一つも、そこにある。年寄りも少しは新しい機器に目を向ければ、若い人も、もう少し連絡してくれるようになるのに、と思う。

たとえば、同じ家に住んでいない孫とたまには電話で話そうと思っても、年寄りが起きている時間は、学校や職場に行っているし、夜も真夜中でないと、若い人は家にいない。

携帯電話のすすめ

そこで、高齢者に勧めたいITの道具の一つが携帯電話である。

誰でも知っているように、若い人は、ほとんどの人が持っている。

中学生以上の子供から大人まで、携帯かパソコンを使っている。それを使って「メール」で連絡を取りあっている。

最近は、少しずつ、五十代、六十代に見える人が、電車の中などで携帯電話を持っているのを見かけるようになった。

「もうすぐ○○駅につくところ」

などと言っているのを聞くこともある。

人との待ち合わせの連絡だけでなく、家で待っている人も、高齢者が外出しているときは、心配している。それに加えて、自分自身も、途中で疲れたり、場合によっては「迎えに来てほしい」と思うときなども、携帯電話を持っていると便利である。

高齢者が携帯電話を積極的には使わないのは、一つには、いま必要を感じていないのと、それほど使う必要がないのに、新聞の記事などを読むと、高校生などが月に五千円、一万円と払っていると書かれていて、ばからしい気がするからだろう。

けれども、現在は、目的に合わせた契約ができるし、機能も簡単なものからいろいろある。画面に表示される文字も、驚くほど大きく拡大できるものさえある。

私の持っているものは、三年くらい前に買ったものだが、そのときに、一回当たりの通話料は少々高くても、毎月払う基本料ができるだけ安いもの、という視点で選んだ。毎月の請求書を見ると、私の場合は、月に十回くらいかけている。それで、一か月に払う料金は三千円を超すことはない。

今回のこの本の改訂に当たって、電話会社三社ほどに電話したり、友人に聞いたりしたが、料金体系が単純明快ではない。けれども、目的をしぼって相談すれば、月二千円台で使うことが可能なようだ。また、PHSなら月千円程度で利用可能なものもある。

それよりは、日頃使い慣れていないと、どんなに操作の簡単なものでも、ベルが鳴るとあわててしまったり、反対に自分がかける場合も、気分が悪くなったときに家族に連絡するなど、ゆっくりと落ち着いてかけられない場合も多い。それを考えれば、日頃なんでもない時にかけて、少し操作に慣れておくことも必要であろう。また、かける場所(たとえば基本的に地下はダメ)や地域によっても、かからないところもある。そのようなときでも、地上に出るなど少し移動すれば、またかかることも多いので、あわてないようにしよう。

携帯電話の最大の魅力は、電話番号の短縮機能を使って、孫にでも打ち込んでもらっておけば、1を押せば自分の家、2は娘の家、3は息子の携帯電話に繋がるというように、その携帯電話を持って出れば、どこからでも連絡が取れるということである。安心料と思って、お気に入りの色のものを買って、小さな人形でも下げて、常に持ち歩いてみてはと思う。

パソコンのすすめ

次に若い人たちに手伝ってもらって、パソコンに挑戦してみることを勧める。私たちがパソコンの初歩のところを、がんばって少しでも使えるようになると、これまでにない二つの大きなことができるようになる。

第一は、電話と手紙を一緒にしたようなものが、あっというまに、相手のパソコンの中の郵便箱に音もなく入ってしまうのである。それを「Eメール」と呼ぶ。

この「Eメール」は、携帯電話でもできるが、画面が小さいので字も小さくなり、字数に制限がある。その上、文字の入力のしかたが特殊で、時間がかかる。だから、私は、画面の広いパソコンを勧めたい。

実は私も八年前までは、ワープロは持っていても、パソコンは持っていなかった。だがなんとかして自分の名刺に、Eメールを送信・受信するための住所（アドレス）をつけたいと思ってやってみて、その年の暮れまでにやっと希望がかなった。慣れるまでにちょっと時間はかかる。でもなんとか使えるまでにこぎつけた。

そのことをもっとも喜んでくれたのは、外国に住む娘である。通信費が一回十円もかからないし、紙・ペン・切手などもいらないし、時差の関係もなく、私たちが寝ている間にも、短い手紙が入っている。孫の様子も毎日のように知らせてもらえる。最近は、十歳の孫がメールを自分で読んで、自分で字も打たせてもらっているようだ。

孫たちだけでなく、これまで相手が仕事で忙しくてなかなか時間帯があわず、一度会った後、連絡しにくかった人たちも、メールならばおしゃべりができる。彼女たちは真夜中にメッセージを入れてくれ、私は昼間、好きなときにそれを読んで返事を書ける。

そのおかげで、これまで思っていてもなかなかつきあえなかった人たちと、相手に少しも迷惑をかけず、ちょっとしたことでもお互いに連絡がとれるようになった。

パソコンのもう一つの機能は、幅の広い情報の入手手段である、インターネットと呼ばれるものだ。

これを使うと、新聞はもちろん、いろいろなマスメディアに出ている記事その他の情報も、先方のホームページのアドレスさえわかれば、いつでも読むことができる。

たとえば、観劇や音楽会の切符の予約もできるし、旅行を思い立ったとき、航空券や宿の手配さえ、考えるよりは簡単である。

私の住む東京の世田谷区では、図書館の本の予約や、自分の借りている本の状況なども、一度登録をしておくと、いつでも自分のパソコンを使ってチェックできる。

これからの高齢者にとって必要な、宅配の給食や、食材の購入も、パソコンを使うと幅が広がってくる。

これこそまさに、外出が不自由になった年寄り向きで、パソコンさえあれば、いながらにして世界の情報が手に入り、買いものもできる。

この二つの機能は、パソコンの機械があって、それを電話と繋いでもらい、操作法をある程度手ほどきしてもらえば、そんなに難しいものではない。特に若い孫とのコミュニケーションには最適な道具である。

これからパソコンの機能の幅はますます広がり、この数年の間には機械も安くなるだろうし、なによりこれからは、パソコンなしでは暮していけない時代になっていくだろう。

いつまでも尻込みしていないで、電子機器に対して少しでも前向きになり、若い人のように遊び気分で、触って使っていこうではないか。

定年後の暮しは、ゆとりとやさしさが大切

世界的に有名なスペインのクラシックギター奏者、セゴビアの演奏のビデオを見る機会があった。

「うまい!」

彼は自分が好きだと思った曲しか弾かないそうだが、曲の美しさが素直に心にしみ通る。豊かな音色であるが、高度な技法をひけらかすようなところが少しもない。聴きながら、どこが普通の上手な人とは違うのだろう……と考えこんでしまった。

私は、ギターは弾いたこともないし、偉そうな批評ができる知識もない。ただ、音楽が好きでよく聴くというだけである。そんなふうに、好きではあるが知識は何もない、という人が聴いて、心打たれる、楽しい、素直に聴いていられる、それが本当の一流の音楽演奏家ではないか、と思う。

その名実ともに一流のセゴビアの演奏を聴いていると、彼が当時そうとう高齢であっただけに、それは、私たち高齢の人たちへの温かいメッセージなのではないだろうか、という気がしてきた。

私たち高齢者はこれまで、自分に与えられた仕事を懸命にこなしながら家族の世話をし、子供を育ててきたのである。振り返ると、楽しい思い出もあるが、辛いときも誰にもぐちをこぼしたりしないで、頑張って生きてきたなあ、と思う。

誰もが、くじけそうになったり、何もかもいやになることもあったろうが、それをなんとか頑張って、今、一つの人生の区切り目にいる。

そういう体験があるからこそ、彼の素晴らしい音楽を素直に感動して聴けるのだと思う。またセゴビアも、自分が弾きたいと思う曲に託して、彼が味わってきた人生の美しさ、本当の感動を、世界中の地道に生きている人に伝えてくれているのだと思う。

自分の好きな曲しか弾かない、というのは、わがままではない。自分の感動を素直に伝えるためにはこれしかない、という気持ちであろう。

だからこそ彼の演奏は、定年になったり、家族の世話をすることが一段落した人にとって、今こそ、自分が本当にしたいことができるときなのだ、と気づかせてくれるような気がする。

その上、彼の演奏は、やたらと装飾音をつけたり、これでもかという技巧だけを見せつけたりしない。飾りの音が少ないので、音がゆったりしている。それだけに、その音の粒が、揃うところは揃って、伸びている音もゆったりと響いてゆく。正確ではあるが、正確の上に立った間《ま》を充分に取っている。せせこましさを感じない。

私の頭の中に、そのときふと浮かんだ光景があった。プールの中で、ある程度の高齢の人が、ゆっくりと手を動かし、のびのびと、急がずに、自分のペースでクロールを泳いでいる。ゆっくりであるだけに美しい。セゴビアの演奏と似たところがある、と思った。

なかには、定年になったと同時に次の人生設計を立て、何か月でこの用意をして、次の半年でこうして、など、自分の体の状態や家族のことなどはほとんど考えずに、目的に向かって突っ走る人がいる。逆に、これからの自分の人生についての悪い面だけを考えて、暗くなったり、文句を並べたてたりする人もいる。

もう私たちの年になったら、たとえ昔やった趣味や稽古事を再開するとしても、それはもう、給料をもらって、とか、契約に縛られてすることではない。

心を打ち込んで練習をしたり、良い作品を作ろうと努力するのはよいが、そのことが自分にとって楽しい時間でなくてはなんにもならない。

これからの人生ではセゴビアの、特別に高度なテクニックをひけらかさない、装飾音がほとんどない、そういうゆとりを響かせることが大切かと思う。年をとってからは、高齢者がこれまでの人生で体験したことから出てくる本当の心が、その人の行動ににじみ出してくるのではないだろうか。

夫についての自慢話で恐縮だが、夫は月に一、二回、彼の兄弟や友人を誘ってゴルフに出かける。二万歩近く歩くので健康にもよいし、その間に兄弟をはじめ友人たちと会話も交わせるので、その日を子供のように楽しみにして出て行く。四人揃わないときは、何人かの知人を思い出して誘いの電話をかけている。

その中の一人、Sさんは、夫の誘いに都合がつくかぎりは参加して下さる。

先日、一緒にプレイした後に、Sさんが、

「南さんとプレイすると、勝負ではなくて、いつも楽しかった、と思えるので、なんとか都合をつけて来るようにしているのですよ」

と言われたそうだ。夫は帰宅してから、夕食のときにその話をしてくれた。話す夫も幸せそうだった。

夫は私の腰痛をいつもかばってくれているので、ゴルフに行く朝は、どんなに早くてもごみを捨ててから、とか、前日に一緒に買いものに行くなどして、私が一人でも困らないようにしてくれる。二人で生活をしているのだからと、自分のするべき家事をできるだけしてくれた上で、ゴルフに出かけるのである。

ゴルフをするときも、「相手を思いやる」ことを優先して、その上でプレイを楽しんでいるから、その人がそう言って下さったのだろう、と私は思った。

そういうやさしさがベースになければ、どんなに技術の高い演奏をしても、作品を作っても、他の人に感動は与えないだろう。

定年後とか、高齢者というのは、そういうことができるゆとりがあるといえるのではないだろうか。私も心にゆとりを持って、豊かな音を奏で続けていきたいと思う。

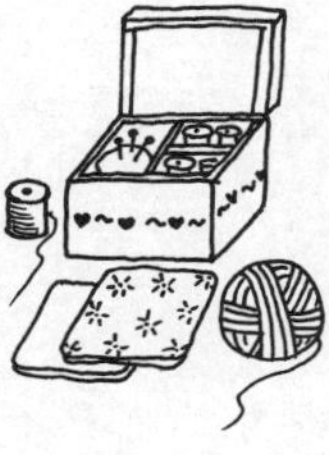

文庫版へのあとがき　介護保険について

　この文庫本のベースになった本は、一九九九年十一月に出版された。それから五年が経過している。

　その間に、高齢者の数の増加はもちろんのこと、日本における高齢者を取り巻く環境、社会のシステムが変わっただけでなく、人々の考え方も大きく変化してきている。

　特に二〇〇〇年四月に介護保険制度がスタートして、少しずつそれが動き始めたことは、大きな変化である。

　実は私も、介護認定を受けている。

　手続きをしたのは、三年くらい前。たまたま知人の紹介で、かつては地区での訪問看護師をしていた人が、この保険が活動を始めたとき、ケアマネジャー（以下ケアマネと略す）として働き始めたと聞いた。

私もそのころは、この制度がよくわからなかったが、すでに腰を痛め、食事を用意するのにも不自由になりはじめていた。また、少し重いものを持つと、そのあとすぐに腰の調子が悪くなり、治るまでに何日かかかるという状態だったので、夫の手伝いなしでは、買い物もほとんどできない、という具合だった。

そのケアマネの彼女に家に来てもらって、友人として、相談に乗ってもらった。

彼女のアドバイスは、

「介護が必要な人かどうかの認定は、地域の役所が、申請があってはじめて動き出すし、決めるのは、南さん側ではないから、今すぐにでも手続きをしたほうがいいですよ」

「六十五歳を超えた人は、介護保険の被保険者証が送ってきているはずなので、区の係へ電話をしてごらんなさい。書類を送ってくるし、家のほうに調査員が訪問調査に来て、日常生活の状況などを聞きにきます。それと、南さんのかかりつけの主治医の意見書と合わせて、区の介護認定審査会にかけて、認定が決まるのです。

その上で、たとえ認定をされなくても、高齢者としてサービスが受けられる制度も、たとえば、この地区には、ふれあいサービスなどいろいろあるのを教えてもらえますよ。もしも、認定をされたら、どういうことをしてもらえるかを知って、具体的に頼めます」

と、言ってくれたのである。

それをきっかけに、現在、ヘルパーの人にも来てもらっているし、介護用品購入（浴室で使う椅子）の補助も受けた。

いま現在、ベッドのレンタルや、歩行補助車をレンタルして、私に合った車を用意しておこうと考えている。

この制度が実際に動き始めてほぼ四年なので、介護をする側も、受ける側も、まだ慣れていないし、問題もいろいろある。

けれども、高齢者の一人暮しも増え、入院する必要はないが、だれかの助けが必要な人も増えている。

身体的な不自由さだけではなく、一人では自立して暮せない、痴呆の問題も増えつつある。

また、身内だけでは問題を解決できないということが、社会的にも認められるようになってきた。

人によって状況は違うが、介護制度を使える年齢に達し、自分の不自由さが見えてきたら、少しでも早く、この介護保険の中身を知り、軽い段階から慣れておくことを勧めたい。

たとえば、家のなかの段差をなくし、手すりをつけるなど、住宅改修も含めて、介護用品のレンタルや費用の補助なども可能である。自分にとって必要なものや制度を知り、介護する側も少しでもやりやすいように、私のように受ける側にとっても、受けてよかったと思える利用法が大切だと思う。

また、認定を受けられると、ケアマネジャーが決まるので、その人に相談に乗ってもらって、少しでも役に立つ介護を受けられるようにして前向きに暮すことを勧めたい。

私の体験からいうと、直接世話をしてくださるヘルパーの人たちは、こういう職業を選んでそのための講習を受けて資格をとったわけであるから、どの人も心やさしい人ばかりである。それだけに、介護を受ける側は、ルールを逸脱しないように気をつけることも大切だし、率直にお願いし、感謝して素直に介護を受ける姿勢を身につけておくことが、介護を受ける高齢者の心構えであろう。

＊

なお、この本は、私がひどい腰痛が起こった前後、まだ六十歳代半ばから資料を集めて書いていたものである。たとえば、介護用リフトなど、私が腰を痛める前だったからこそ、特別の知識もまだ持っていなかったが、実際に試してみることができた。そのときに、見た目とは違って、吊り下げられたときに不安感がないという実感を持つことができた。

反対に、十年前のひどい腰痛が起こる前に自分の老後を考えていたときと、腰痛が起こった後とでは、よいことも悪いことも、大きく違っていることが多い。

そういう意味での私の体験や、それを基《もと》にいろいろ調べたことを書いたこの本が、現在、加齢からくるもろもろの病気や障害を持つ人に、少しでもお役に立てばと願う。

現在は元気な人も、早めに知識を持って、少しでも楽しく生活される手引き書として使ってほしい。

まず、この本の企画の段階から相談にのったり、私が痛みのために外出できないときも、わざわざ私宅に来てくださったりして、長い時間、いやな顔もせずにこの本をまとめるところまでしてくださった、編集者の藤本由香里さんに心からお礼を申し上げます。

最後に、夫が私の腰痛を生活面・精神面でよく支えてくれたことを、心からありがたいと思っています。夫のおかげでこの本が書けたと、今これまでの経過を振り返って感じています。

二〇〇四年七月

南　和子

推薦したい図書リスト（値段は本体価格）

＊1．『高齢者・障害者の生活をささえる福祉機器』全4巻
東京都高齢者研究・福祉振興財団（03-5206-8732）刊、二〇〇三年、各一二〇〇円、別冊は八〇〇円。

I　起居　移乗　技術支援
本文の最初から「寝たきりを起こそう」という見出しから始まり、日本式布団とベッドの違いを述べ、ベッドのマットレスから起居動作、移乗動作と続けて説明されている。ベッドから車椅子への移乗はもちろん、いくつもの細部のわかるイラストがたくさん使われていてわかりやすい。

II　立ち座り　歩行　靴　車いす　電動三・四輪車
寝たきりの生活から「外出しよう」を基本に福祉機器の有効活用について書かれている。
「立ち上がる」ということが、どんなにたいへんか、でもそれが生活を大

きく広げる源となる。それから、杖、歩行補助車、歩行器そして、靴と細かに説明される。

Ⅲ　入浴　排泄　自助具　衣服

介護を受ける人にとって、排泄と入浴は非常に大切である。それについて細やかに説明してある。また、そのためにも衣服のリフォームは必要であり、着脱しやすい服への具体的な直し方が示されている。

別冊　福祉機器給付制度　２００３年度版

＊２．『作業療法士が選ぶ　自助具・生活機器』日本作業療法士協会編、保健同人社、一九九五年、一七四八円。

道具一つひとつを半頁ずつ写真をつけて説明している。寸法、重量、価格、材質なども、一つずつに入れてある。

＊３．『ケアマネジメントのための福祉用具アセスメント・マニュアル』市川洌編、中央法規出版、一九九八年、四〇〇〇円。

介護士の試験を受ける人など専門家の役に立つように書かれた本だが、イラストも多く、実際にどうするかを具体的に、しかも分かりやすく書いてある。介護の百科事典といえる。

＊4．『生活場面から見た福祉機器活用術』矢谷令子監修、大熊明編、中央法規出版、一九九六年、三四〇〇円。
写真とイラストを使い、福祉機器全般をオーソドックスに解説している。どちらかというと専門家の人を対象にした本である。
＊5．『老人が使いやすい道具案内』銀ちゃん便利堂編、晶文社、一九九三年、一六〇〇円。
＊6．『高齢者が使いやすい日用品』浜田きよ子著、晶文社、二〇〇〇年、一八〇〇円。
＊5＊6二冊とも、著者の浜田さんや道具を扱っている店の人とおしゃべりをしながら、そこにある道具を見せてもらっているような気持ちになる本である。イラストも多く、分かりやすい。
＊7．『高齢者の暮らしを支える道具と工夫Q＆A』浜田きよ子著、ミネルヴァ書房、一九九八年、一八〇〇円。
浜田さんの本はとても読みやすい。「寝たきりにならないために」から始まり、食事、風呂、排泄ケア、外出、そして介護とは人と人が行き合うという介護の基本をやさしい言葉で書いてある。

＊8・『介護をこえて——高齢者の暮しを支えるために』浜田きよ子著、日本放送出版協会、二〇〇四年、八七〇円。
高齢者生活研究所に相談にくる人と一緒に考えて、という浜田さんらしい温かな言葉で説明している。

＊9・『排泄介護実用百科——トイレの自立を守るコツ』浜田きよ子監修、ひかりのくに、一九九八年、一六〇〇円。
実際に排泄介護が必要な人のためのきめ細やかな情報や提案はもちろん、失禁を予防する体操やら、健康なときから自分の排泄に関しての記録を取ってそれを役立てていく方法、どうして失禁が始まるかのメカニズムなど、まだ失禁が現実の問題になっていない人が読んでも役に立つように書かれている。

＊10・『臭いの秘密——気になる臭いを消せる本』主婦の友生活シリーズ、主婦の友社、一九九七年、九四〇円。
高齢者が気にする便臭とか、口臭を消すのに、日本茶や人参の葉の粉末を飲むことが効果があることを、実例を挙げて分かりやすく説明している。

＊11・『食品80キロカロリーミニガイド（五訂版）』香川綾編、女子栄養大学出版部、二〇〇二年、七〇〇円。

各食品の80キロカロリー分が実際にどれぐらいにあたるかを全部カラーで示してあるので非常に見やすい。それぞれについてたんぱく質、ビタミン、塩分量もすべてついている。身近に一冊は置くことを勧める。

＊12．『**高齢化社会と商品開発——人にやさしいモノづくりの発想**』近藤和子著、日本規格協会、一九九四年、一八四五円。

＊13．『**高齢化社会と商品開発II——人からモノへの発想**』近藤和子著、日本規格協会、一九九七年、一九〇〇円。

著者は商品科学研究所の生活者活動部部長として長く勤め、主に高齢者向きの商品テストや開発をしてきた人である。多くの女性スタッフとモニターを使った実際的なテストの結果を取り入れてあるので、なっとくのいく本である。

＊14．『**新・遺言ノート**』井上治代編著、ベストセラーズ、二〇〇二年、二八〇〇円。

装丁も美しく、遺言を書く時の心がまえや細かな注意に加え、そのまま書き込める書式ノートもついていて、それをそのまま自分の遺言書としても使えるし、これを参考にして独自のものを作ることもできる。

＊15．『**2004年社会福祉の手引**』東京都福祉局編、東京都発行、二二〇円。

東京都が行なっている社会福祉・保健・医療に関する各種事業の内容、利用手続き、施設の所在地、などについての最新情報が分かりやすく掲載されている。高齢者に関しては、たとえば、いろいろな種類の老人ホームについて解説し、問い合わせ先の電話番号も入っている。値段も安いので、東京に住んでいる人は一冊は手元にあると便利。

＊16・『暮しのコツと科学』南 和子著、筑摩書房にこにこブックス、一九九六年、一三〇〇円。

＊17・『暮しの道具学・改訂版』南 和子著、筑摩書房にこにこブックス、一九九七年、一四〇〇円。

どちらも私の本であるが、前者は、電子レンジの上手な使い方や、冷凍食品の作り方、使い方、合理的な洗濯の方法など、毎日の暮しの中で役に立つことを、科学的な裏付けを加えて分かりやすく書いてある。

後者は、冷蔵庫、ガステーブル、電磁調理器をはじめ、主に台所で使う大型、小型の道具類について、科学的な目を向けながら解説している。

＊

◆福祉用具の会社はたくさんあるが、私の手元にあるカタログの例。

§1．『住まいのバリアフリー商品カタログ』
東陶機器㈱（電話：0120-03-1010）

§2．『介護保険で使える　エコールの福祉用具　レンタルカタログ』
㈱ヤマシタコーポレーション（電話：054-202-3333）

§3．『ホームケア全書２００３』福祉用具販売・レンタルカタログ
フランスベッドメディカルサービス（電話：03-3363-2256）

＊本書は一九九九年十一月、筑摩書房より刊行された。